Da will ich hin!

Die einzige Bucket-List, die du brauchst

HOLIDAY

Entdecke die Welt

Stell dir vor, du könntest überall auf der Welt sein – in der Realität oder in deiner Fantasie. »Da will ich hin! Die einzige Bucket-List, die du brauchst« ist deine persönliche Inspirationsquelle für diese Reisen, ob real oder geträumt.

In diesem Buch findest du eine Sammlung von 125 Ländern, jedes mit einer Liste von zehn einzigartigen Aktivitäten, die nicht nur zum Nachmachen, sondern auch zum Träumen anregen. Dabei geht es nicht darum, alles abzuhaken, sondern vielmehr darum, die Fantasie anzuregen.

Von einer nächtlichen Rentierschlittenfahrt unter dem Sternenhimmel Norwegens bis zum Erlernen der Kunst der Teezubereitung in einem japanischen Teehaus – lass dich von den Ideen in diesem Buch dazu anregen, deine eigene Abenteuerliste zu erstellen. Vielleicht möchtest du einige der Aktivitäten selbst erleben, vielleicht inspirieren sie dich aber auch zu eigenen kreativen Reiseideen.

Dieses Buch ist eine Einladung, deine Reiseträume zu erforschen und zu erweitern. Es geht nicht darum, dir einen bestimmten Weg vorzuschreiben, sondern dir Möglichkeiten aufzuzeigen und deine Neugier zu wecken. »Da will ich hin!« ist dein Begleiter, der dir zeigt, was alles möglich ist.

Also pack deine Koffer oder mach es dir in deinem Lieblingssessel bequem. Lass dich inspirieren, träume groß und entdecke, wohin dich deine Fantasie führen kann. »Da will ich hin!« ist der Ausgangspunkt für eine Reise, die nur du selbst gestalten kannst.

Europa – Der Westen

DEUTSCHLAND

Pferdeschlittenfahrt im Harz

Erlebe den Winter in Deutschland auf besonders zauberhafte Weise bei einer Pferdeschlittenfahrt durch die verschneiten Wälder des Harzes.

Stocherkahnfahrt in Tübingen

Mit einem traditionellen Stocherkahn über den Neckar schippern und das malerische Tübingen aus einer neuen Perspektive erleben. Die gemächliche Fahrt ermöglicht es, die historische Architektur mit den alten Universitätsgebäuden in Ruhe zu bewundern.

Schwarzwälder Kirschtorte backen lernen

In einem Backkurs lernst du, wie man die weltberühmte Torte zubereitet – eine süße Versuchung, mit der du Freunde und Bekannte zu Hause überraschen kannst.

Nachtwächterführung in Rothenburg ob der Tauber

Lass dich von einem Nachtwächter durch die mittelalterlichen Gassen führen und tauche ein in die Geschichte dieser bezaubernden Stadt.

Wandern im Land der Frau Holle

Erkunde den mystischen Hohen Meißner, Schauplatz der Frau-Holle-Sage, und genieße alsdann Ruhe und Luxus im Schloss-Hotel Hohenhaus. Eine perfekte Mischung aus Natur, Kultur und Entspannung.

Musik- und Nachtleben-Tour in Berlin

Entdecke Berlins berühmtes Nachtleben und die elektronische Musikszene mit Besuchen in bekannten Clubs und Livemusik-Spots. Viele dieser Veranstaltungsorte sind bekannt für ihre avantgardistischen Soundsysteme und ihr einzigartiges Interieur, das oft von lokalen Künstlern gestaltet wurde.

Weinprobe an der Mosel

Besuche eines der malerischen Winzerdörfer an der Mosel und nimm an einer Weinprobe teil, um den berühmten Riesling der Region zu probieren.

Radtour auf dem Elberadweg

Erlebe die Landschaft entlang der Elbe bei einer Radtour auf dem Elberadweg, einem der beliebtesten Radwege Deutschlands.

Bauhaus-Architektur in Dessau

Entdecke das historische Bauhausgebäude in Dessau, ein UNESCO-Weltkulturerbe und Meilenstein der Architekturgeschichte. Zusätzlich zu seiner architektonischen Bedeutung beherbergt das Gebäude eine umfangreiche Sammlung von Kunstwerken und Designobjekten der Bauhaus-Bewegung, die einen Einblick in die revolutionären Ideen und künstlerischen Experimente dieser Ära bieten.

Kitesurfen auf Fehmarn

Teste dein Können und deinen Mut beim Kitesurfen auf der Ostseeinsel Fehmarn, einem der besten Spots für diesen Sport in Deutschland.

FRANKREICH

Lavendelfelder der Provence

Besuche die Lavendelfelder der Provence im Sommer, wenn sie in voller Blüte stehen. Am besten mit dem Fahrrad oder bei einem Picknick auf dem Feld.

Brotbackkurs in Paris

Lerne von einem französischen Bäckermeister, wie man echtes französisches Baguette und Croissants zubereitet. Zusätzlich zu diesen Fähigkeiten erfährst du mehr über die Geschichte und die Bedeutung des Brotes in der französischen Kultur und erhältst Einblicke in die Geheimnisse der perfekten Teigzubereitung und Backtechniken, die diese Gebäckstücke weltweit berühmt gemacht haben.

Mont-Saint-Michel bei Nacht

Besuche den beeindruckenden Mont-Saint-Michel nach Einbruch der Dunkelheit, wenn die Menschenmassen abgezogen sind und das beleuchtete Kloster eine fast mystische Atmosphäre ausstrahlt.

Parfumherstellung in Grasse

Nimm an einem Parfumherstellungs-Workshop in Grasse, der Welthauptstadt des Parfums, teil. Außerdem erhältst du einen Einblick in die Geschichte und die Methoden der Parfumherstellung und entdeckst, wie verschiedene Essenzen und Öle kombiniert werden, um persönliche und unverwechselbare Parfums zu schaffen.

Unterirdische Weinprobe an der Loire

Die Loire-Region ist berühmt für ihre Weine. Besuche eine der unterirdischen Weinkellereien und probiere einige der besten Weine der Region.

Heißluftballonfahrt über das Loire-Tal

Erlebe die atemberaubenden Schlösser und Weinberge des Loire-Tals aus der Vogelperspektive bei einer Heißluftballonfahrt.

Segeln rund um die Calanques

Die türkisblauen Gewässer und spektakulären Kalksteinfelsen der Calanques bei Marseille auf einem Segeltörn entdecken.

Street-Art-Tour in Lyon

Entdecke die weniger bekannte, aber lebendige Street-Art-Szene in Lyon auf einer geführten Tour oder auf eigene Faust.

Canyoning in den Pyrenäen

Adrenalin pur beim Klettern, Springen und Rutschen in den Schluchten, Wasserfällen und natürlichen Schwimmbecken der Pyrenäen.

Pilgern auf dem Jakobsweg

Begleite einen Teil des berühmten Pilgerwegs, der durch die wunderschöne Landschaft Südfrankreichs führt. Zusätzlich zu den malerischen Aussichten bietet der Weg Gelegenheit, historische Stätten, alte Klöster und charmante Dörfer zu erkunden.

VEREINIGTES KÖNIGREICH

Paragliding über den Lago de Atitlán

Wildes Schwimmen in den Fairy Pools, Isle of Skye, Schottland: Schwimme in den kristallklaren, natürlich blauen Pools, die von Wasserfällen in den schottischen Highlands gespeist werden.

Strände von Pembrokeshire, Wales

Entdecke die abgelegenen Sandstrände von Pembrokeshire, die nur zu Fuß oder mit dem Boot erreichbar sind, und genieße ihre unberührte Schönheit.

Street-Art-Tour in Bristol, England

Entdecke die Straßenkunst von Künstlern wie Banksy und vielen anderen auf einer geführten Tour durch diese kreative Stadt.

Sonnenaufgang auf dem Ben Nevis, Schottland

Eine Mitternachtswanderung auf Großbritanniens höchstem Berg ist ein einzigartiges Erlebnis, wenn man in die Stille der Nacht eintaucht und dann das erste Licht über den schottischen Highlands erblickt.

Radfahren auf der Isle of Wight, England

Erkunde die malerische Insel auf zwei Rädern, vorbei an beeindruckenden Klippen, wunderschönen Stränden und charmanten viktorianischen Seebädern. Probiere unterwegs lokale Spezialitäten und frische Meeresfrüchte.

Teilnahme an einem traditionellen Ceilidh in Edinburgh, Schottland

Tanze die Nacht durch bei einem traditionellen schottischen Ceilidh, einer Mischung aus Folkmusik und geselligen Gruppentänzen.

Kajakfahren an der Küste Cornwalls, England

Paddel entlang der dramatischen Küste Cornwalls und beobachte die einheimische Tierwelt, darunter Delfine und Seehunde, und entdecke versteckte Höhlen. Erlebe auch die Chance, historische Schiffswracks zu erkunden und über die reiche Seefahrtsgeschichte der Region von erfahrenen Führern zu lernen.

Historische Spaziergänge in York, England

Spaziere entlang der mittelalterlichen Stadtmauer von York und erfahre auf einem geführten historischen Spaziergang mehr über die Geschichte dieser alten Stadt.

Besteigung des Giant's Causeway, Nordirland

Erkunde dieses Naturwunder aus Tausenden von polygonalen Basaltsäulen, die durch vulkanische Aktivität entstanden sind. Entdecke dabei lokale Legenden und die reiche Mythologie des Ortes.

Aufführungen im Globe Theatre, London, England

Erlebe eine authentische Aufführung eines Shakespeare-Dramas in diesem berühmten Freilichttheater am Südufer der Themse. Genieße zudem interaktive Ausstellungen und Workshops im angrenzenden Museum.

IRLAND

Ein Bad im kühlen Atlantik bei Inchydoney, County Cork

An einem der schönsten Strände Irlands kann man sich bei einem Sprung in die blauen Wellen des Atlantiks erfrischen.

Livemusik in einem traditionellen Pub in Galway

Tauche ein in die irische Kultur und lausche einem spontanen Musikset in einem der gemütlichen Pubs von Galway.

Wandern auf dem atemberaubenden Cliffs of Moher Coastal Walk, County Clare

Genieße die spektakuläre Aussicht und das tosende Meer bei einer Wanderung entlang der berühmten Klippen.

Historische Halbinsel Howth zu Fuß, in der Nähe von Dublin

Entdecke versteckte Pfade, alte Ruinen und atemberaubende Küstenlandschaften auf diesem malerischen Spaziergang.

Kitesurfen auf Achill Island, County Mayo

Erlebe den Adrenalinrausch, während du über die Wellen gleitest und dich vom Wind über das Wasser ziehen lässt.

Strandritt auf Omey Island, County Galway

Spüre das Gefühl von Freiheit und Abenteuer, wenn du am windgepeitschten Strand entlanggaloppierst.

Traditionelles irisches Kunsthandwerk in einem Workshop im County Mayo

Tauche in die irische Tradition ein, indem du lernst, wie man typische irische Handarbeiten herstellt. Erlebe Geschichten hinter jedem Kunstwerk und lerne traditionelle Techniken direkt von Handwerksmeistern.

Kajakfahrt auf dem ruhigen Lough Hyne, County Cork

Entdecke die Geheimnisse dieses einzigartigen Salzwassersees bei einer geführten Kajaktour in der Abenddämmerung auf dem ruhigen See im County Cork. Erlebe dabei das magische Naturphänomen der Biolumineszenz, wenn das Wasser bei Nacht leuchtet.

Mountainbiken in den Ballyhoura Mountains, County Limerick

Erlebe den Nervenkitzel, auf rauen Pfaden durch die spektakuläre irische Bergwelt zu fahren. Genieße dabei Aussichten auf alte Wälder und geheimnisvolle Steinformationen.

GAA (Gaelic Athletic Association)-Spiel im Croke Park, Dublin

Spüre die Leidenschaft und Energie einer traditionellen irischen Sportsart inmitten einer tobenden Menge. Erfahre die tiefe kulturelle Bedeutung der GAA-Spiele, die nicht nur sportliche Wettkämpfe, sondern auch ein Ausdruck der irischen Identität und Geschichte sind. Erkunde das GAA-Museum im Stadion, um die Geschichte und den Einfluss des Sports in Irland zu verstehen.

NIEDERLANDE

Märchenwald im Freizeitpark Efteling

Erlebe die Welt der Fantasie im Märchenpark Efteling mit seinen zauberhaften Attraktionen und Fahrgeschäften, inklusive einer spektakulären Wassershow.

Miniaturwelt Madurodam, Den Haag

Bestaune die Niederlande in Miniaturen in Madurodam, wo winzige Nachbildungen berühmter niederländischer Sehenswürdigkeiten und historischer Städte zu sehen sind.

Kajakfahren auf den Grachten von Utrecht

Erlebe die malerischen Grachten von Utrecht auf einzigartige Weise, indem du mit dem Kajak durch die weitverzweigten Kanäle fährst.

Käsemuseum in Alkmaar

Erfahre mehr über die reiche Käsetradition der Niederlande bei einem Besuch des Käsemuseums in Alkmaar.

Versteckte Gärten in Amsterdam

Entdecke die grüne Seite Amsterdams bei einem Besuch der weniger bekannten, aber wunderschönen Gärten, wie beispielsweise des versteckten Frankendael Parks.

Fahrradtour durch den Nationalpark De Hoge Veluwe

Erkunde die Hoge Veluwe mit dem Fahrrad und genieße die Naturschönheiten und Kunstwerke des Parks.

Street-Art-Tour durch Rotterdam

Entdecke die kreative Seite von Rotterdam bei einer Street-Art-Tour und bewundere die beeindruckenden Murals und Graffiti. Tauche ein in die Geschichten hinter den Kunstwerken, lerne die berühmten Künstler kennen und erfahre, wie die Stadt zu einem Hotspot für urbane Kunst wurde.

Sandboarding im De Loonse en Drunense Duinen

Erlebe den Nervenkitzel in der einzigartigen Landschaft der »Sahara des Nordens« mit ihren weiten Sanddünen, die sich ideal zum Sandboarden eignen. Genieße die atemberaubende Naturkulisse und lerne von erfahrenen Instruktoren, wie man die Dünen meistert und dabei Balance sowie Technik perfektioniert.

Traditionelles Segelerlebnis auf dem Ijsselmeer

Nimm an einem traditionellen Segeltörn auf dem Ijsselmeer teil und lerne die nautische Seite der Niederlande kennen. Erlebe das Segeln auf historischen Schiffen und entdecke charmante Küstenstädte und die reiche Seefahrtsgeschichte der Region.

Nachtwanderung durch die Geistergeschichten von Den Haag

Entdecke die dunklen Legenden und Geistergeschichten von Den Haag bei einer gruseligen Nachtführung. Lausche unheimlichen Erzählungen, während du durch historische Viertel und verlassene Gassen wanderst, und entdecke die verborgenen Seiten der Stadt.

BELGIEN

Der Grote Markt in Brüssel bei Nacht

Bewundere die architektonischen Wunder, wenn sie im Dunkeln beleuchtet werden, und genieße die magische Atmosphäre.

Fahrradtour durch die abwechslungsreichen Viertel Brüssels

Erlebe die Stadt hautnah und entdecke unbekannte Ecken, während du an den Marollen und dem Fischmarkt vorbeiradelst.

Comic-Museum in Brüssel

Tauche ein in die Welt der belgischen Comics und entdecke die Ursprünge berühmter Figuren wie Tim und Struppi sowie interaktive Ausstellungen und Originalzeichnungen.

Plantin-Moretus-Museum, Antwerpen

Das Museum gehört zum UNESCO-Weltkulturerbe und zeigt die Welt des Buchdrucks und des Verlagswesens im 16. Jahrhundert. Bewundere alte Druckpressen und eine reiche Sammlung historischer Manuskripte.

Verkostung belgischer Craft-Biere in einer Mikrobrauerei in Gent

Entdecke die belgische Bierkultur abseits des Mainstreams und lerne, wie lokale Brauereien einzigartige Geschmacksrichtungen kreieren.

Tomorrowland Festival, Open-Air Festival in Boom

Stürze dich bei einem der größten elektronischen Musikfestivals in eine Welt voller Musik und Magie, erlebe spektakuläre Bühnendesigns, eine einzigartige Atmosphäre und Künstler aus aller Welt, die für eine unvergessliche Erfahrung sorgen.

Rätsel lösen in einem Escape Room in Leuven

Stelle deinen Verstand auf die Probe und arbeite im Team, um aus einem thematisierten Raum zu entkommen.

Wandern in den Ardennen

Genieße die atemberaubende Natur, versteckte Pfade und historische Schlösser in Belgiens größtem Waldgebiet. Entdecke die reiche Tierwelt, darunter Wildschweine und Hirsche, und erkunde die historischen Weltkriegsdenkmäler und Ruinen, die diese Region prägen.

Schokoladenverkostung in Brügge

Lerne die Geheimnisse der belgischen Schokoladenherstellung kennen und probiere köstliche Pralinen in einer lokalen Chocolaterie.

Grachtenrundfahrt in Brügge

Bei einer gemütlichen Bootsfahrt durch die malerischen Wasserstraßen der Stadt kann man die historischen Sehenswürdigkeiten vom Wasser aus besichtigen. Entdecke die faszinierende Architektur der gotischen Gebäude, die versteckten Gärten und Höfe und höre spannende Geschichten über die reiche Handelsgeschichte der Stadt.

LUXEMBURG

Erkunde die Altstadt

Spaziere durch die mittelalterlichen Gassen von Luxemburg Stadt und entdecke die vielfältigen architektonischen Einflüsse, die die gesamte Geschichte Europas widerspiegeln.

Nationalmuseum für Geschichte und Kunst, Luxemburg Stadt

Hier findest du eine große Auswahl an Gegenständen wie Werkzeuge, Münzen, Waffen, historische Dokumente und Fotografien.

Melusina-Statue, Luxemburg Stadt

Die magentafarbene Statue erinnert an die legendäre Hochzeit zwischen einer Meerjungfrau und dem Stadtgründer.

Burg von Esch-sur-Sûre

Entdecke die zauberhaften Ruinen, die einst die Herrscher der Region beherbergten und später dem einfachen Volk ein fast märchenhaftes Leben boten.

Schiessentümpel an der Schwarzen Ernz

Dieser dreiteilige Wasserfall ist ein Stück Märchenlandschaft im Herzen der Kleinen Luxemburger Schweiz.

Die Schlösser von Beaufort

Im Osten Luxemburgs findet man eine faszinierende Mischung aus mittelalterlicher und Renaissancearchitektur.

Bock-Kasematten

Ein weitverzweigtes Netz unterirdischer Gänge ist alles, was von einer der beeindruckendsten mittelalterlichen Festungen Europas übrig geblieben ist. Diese Gänge, die einst Tausende von Soldaten und Pferden beherbergten, zeugen von der strategischen Bedeutung Luxemburgs in der europäischen Geschichte und sind heute ein faszinierender Ort für Geschichtsinteressierte und Abenteurer.

Hohllay-Höhle

Kryptisch anmutende Zeichen überziehen die Höhle von Hohllay (»hohler Fels«). Bereits die Römer bauten hier Mühlsteine ab. Die Spuren alter Werkzeuge und Techniken zeugen von der langen Geschichte des Steinabbaus in dieser Region. Die Höhle ist außerdem für ihre einzigartige Akustik bekannt, die sie zu einem beliebten Ort für musikalische Darbietungen macht.

Hochöfen von Belval

Entdecke ein einzigartiges Industriedenkmal, das einen Einblick in die Geschichte der Stahlherstellung und einen atemberaubenden Ausblick aus 40 Metern Höhe bietet. Erfahre mehr über die Transformation der Anlage in einen modernen Wissenschafts- und Kulturpark, der die industrielle Vergangenheit mit der Zukunft verbindet.

Wanderung durch die Wollefsschlucht (Wolfsschlucht)

Im Herzen der Kleinen Luxemburger Schweiz windet sich eine atemberaubende natürliche Sandsteinschlucht mit einer mythischen Vergangenheit.

SCHWEIZ

HR Giger Museum in Gruyères

Entdecke die surrealistische Welt des Künstlers HR Giger, der für seine biomechanischen Kunstwerke und das Design des Aliens im gleichnamigen Film bekannt ist.

Verkehrshaus der Schweiz in Luzern

Erkunde die faszinierende Geschichte des Verkehrs in der Schweiz, von Flugzeugen und Autos bis hin zu Schiffen und Raumfahrzeugen.

Gletschergrotte Jungfraujoch

Tritt ein in eine der höchstgelegenen Eisgrotten der Welt und genieße die atemberaubende Aussicht auf die umliegenden Alpen.

Schokoladengenuss im Maison Cailler in Broc

Lerne die Geschichte der Schokolade kennen und probiere einige der besten Schokoladen der Schweiz.

Einstein Haus in Bern

Einblicke in das Leben und die Arbeit von Albert Einstein, der hier seine berühmte Relativitätstheorie entwickelte.

Schloss Chillon am Genfersee

Erkunde eine der besterhaltenen mittelalterlichen Festungen Europas und lass dich in die reiche Geschichte der Säle und Verliese entführen.

Ruinen von Augusta Raurica in Augst

Wandere durch die Überreste einer blühenden römischen Stadt und entdecke das besterhaltene antike Theater der Schweiz. Im Museum beeindrucken archäologische Funde wie der größte Silberschatz der Spätantike und ein sorgfältig rekonstruiertes römisches Haus.

Lachen in der Chaplin's World in Corsier-sur-Vevey

Erfahre mehr über das Leben und die Karriere von Charlie Chaplin in diesem interaktiven Museum. Zu sehen sind seltene Filmaufnahmen und persönliche Gegenstände, die Chaplins Einfluss auf die Filmwelt beleuchten.

Spaziergang durch das Weinbaugebiet Lavaux

Bewundere die terrassierten Weinberge dieses UNESCO-Weltkulturerbes und nimm an einer Weinprobe der lokalen Chasselas-Trauben teil, die in der Region angebaut werden. Durch das jahrhundertealte Terrassierungssystem wird ein optimales Mikroklima für den Weinbau geschaffen.

Kunstgenuss im Museum Tinguely in Basel

Lass dich von den kinetischen Kunstwerken des Schweizer Künstlers Jean Tinguely inspirieren. Entdecke seine revolutionären Maschinenskulpturen, die sich bewegen und Geräusche erzeugen, und erfahre, wie er die Grenzen der traditionellen Kunst sprengte. Interaktive Installationen regen zum Nachdenken über die Beziehung zwischen Mensch, Maschine und Kunst an. Das vom Stararchitekten Mario Botta entworfene Museum selbst ist ein Kunstwerk, das sich harmonisch in die Umgebung am Rheinufer einfügt.

ÖSTERREICH

Eislaufen am Weißensee

Im Winter verwandelt sich der Weißensee in Kärnten in die größte Natureisfläche Europas. Schnapp dir deine Schlittschuhe und gleite über das glitzernde Eis, umgeben von einer atemberaubenden Bergkulisse.

Käsestraße Bregenzerwald

Lerne die kulinarische Seite des Landes kennen und wandere durch die malerischen Dörfer der Käsestraße Bregenzerwald. Besuche traditionelle Käsereien und probiere die köstlichen heimischen Käsesorten.

Paragleiten in Tirol

In den Tiroler Alpen erlebst du den besonderen Reiz des Paragleitens. Die Aussicht auf schneebedeckte Gipfel und grüne Täler ist überwältigend.

Seegrotte Hinterbrühl

Entdecke die faszinierende Unterwelt Österreichs und besuche die Seegrotte Hinterbrühl, die größte unterirdische Seehöhle Europas. Steig in ein Boot und gleite über den mystischen unterirdischen See.

Wildwasserrafting auf der Salzach

Beim Wildwasserrafting auf der Salzach ist Adrenalin pur angesagt. Meistere die aufregenden Stromschnellen und genieße das Abenteuer inmitten der beeindruckenden Bergwelt.

Radtour entlang der Donau

Erkunde die malerische Landschaft Österreichs auf zwei Rädern und unternehme eine Radtour entlang der Donau. Entdecke charmante Dörfer, historische Burgen und Schlösser und probiere die köstlichen Weine der Region. Genieße den Anblick der berühmten Wachau, bekannt für ihre atemberaubenden Weinberge und malerischen Flussblicke.

Spanische Hofreitschule in Wien

Bei einer Vorstellung der Spanischen Hofreitschule in Wien kannst du in die Welt der klassischen Reitkunst hineinschnuppern. Bestaune die Eleganz und Präzision der Lipizzaner und ihrer Reiter.

Wanderung auf den Schafberg

Erklimme den Schafberg und genieße den atemberaubenden Ausblick auf den Wolfgangsee und die umliegenden Berge. Hinauf oder hinunter mit der nostalgischen Zahnradbahn.

Swarovski Kristallwelten in Wattens

Lass dich von den funkelnden Wundern der Kristallwelten verzaubern. Entdecke die faszinierenden Installationen und lass dich von der magischen Anziehungskraft der Kristalle verzaubern.

Ballonfahrt über die Steiermark

Entdecke die atemberaubende Landschaft der Steiermark aus der Vogelperspektive. Den Sonnenaufgang über den Weinbergen erleben und sich vom Wind tragen lassen.

LIECHTENSTEIN

Schloss Vaduz

Das Schloss Vaduz thront auf einem Hügel und ist von Bergen umgeben. Obwohl es nicht öffentlich zugänglich ist, lohnt sich ein Besuch wegen der beeindruckenden Aussicht und seiner Architektur.

Kunstmuseum Liechtenstein

Das im Jahr 2000 eröffnete Museum ist eines der beeindruckendsten Gebäude in Vaduz. Es beherbergt vor allem moderne und zeitgenössische Kunst.

Liechtenstein-Stempel im Pass

Im Liechtenstein Center oder im Tourismusbüro im Stadtzentrum von Vaduz kann man sich einen Stempel von einem der kleinsten und am wenigsten besuchten Länder der Welt geben lassen.

Vaduzer Kathedrale

Die Kathedrale St. Florin ist eines der bekanntesten Wahrzeichen des Hauptortes. Die neugotische Kathedrale wurde in den Jahren 1869 bis 1873 erbaut und weist einige bemerkenswerte Besonderheiten auf.

Postmuseum

Als Teil des Liechtensteinischen Landesmuseums bietet es einen Einblick in die Geschichte und Verwendung von Briefmarken in Liechtenstein und weltweit.

Weindegustation in der Fürstlichen Kellerei

Das Land produziert einige fantastische Weine, die man in der Hofkellerei des Fürsten von Liechtenstein probieren kann.

Liechtenstein Trail

Liechtenstein bietet atemberaubend schöne Berge und reizvolle Alpentäler. Dieser Trail führt durch einige der schönsten Landschaften, die man sich vorstellen kann, und verknüpft alle elf Gemeinden Liechtensteins, wobei er die reiche Geschichte und Kultur des Landes auf interaktive Weise präsentiert.

Dorf Triesenberg

Ein wunderschönes Dorf hoch in den Alpen. Seine ruhige und entspannte Lebensart macht es zu einem idealen Ort für einen Kurzaufenthalt. Besucher können das Walsermuseum besuchen, um mehr über die Traditionen und die Lebensweise der Walser zu erfahren.

Skifahren

Mit so vielen Bergen im Land ist es nicht verwunderlich, dass Liechtenstein einige großartige Pisten und Abfahrten zu bieten hat. Das Bergresort Malbun ist der beste Ort dafür.

Das Rote Haus in Vaduz

Es ist eines der ältesten Gebäude des Landes und wurde 1338 erbaut. Es ist wegen seiner malerischen Lage, umgeben von Bäumen und Bergen, einen Besuch wert. Es zeichnet sich durch seine charakteristische rote Fassade aus und bietet einen Einblick in die historische Architektur des Landes.

MONACO

Altstadt

Spaziere durch die engen Gassen der Altstadt von Monaco, deren Ursprünge bis ins 6. Jahrhundert zurückreichen. Genieße die malerischen Ausblicke

Fürstenpalast von Monaco

Die offizielle Residenz des Fürsten von Monaco ist ein architektonisches Meisterwerk und im Sommer für die Öffentlichkeit zugänglich. Sie bietet prächtige Staatssäle und eine reiche Geschichte, die bis ins 13. Jahrhundert reicht.

Condamine Markt

Der 1880 eröffnete Markt von Condamine ist ein lebendiger Ort, an dem man zahlreiche monegassische Spezialitäten probieren kann.

Jardin Exotique de Monaco

Im Botanischen Garten kann man die außergewöhnliche Sammlung exotischer Pflanzen bewundern. Ein Highlight ist das Botanische Zentrum mit seltenen Sukkulenten aus aller Welt.

Monaco bei Nacht

Einer der besten Orte, um Monaco bei Nacht zu sehen, ist die französische Nachbarstadt La Turbie. Von hier aus hat man einen atemberaubenden Blick auf das funkelnde Monaco bei Nacht.

F1 Circuit de Monaco

Der Circuit de Monaco ist bekannt für seine malerische Rennstrecke, auf der jedes Jahr im Mai während des Grand Prix die Autos um den Hafen rasen. Die Strecke ist berühmt für ihre anspruchsvollen Kurven wie die Haarnadelkurve und die Tunnelpassage, die sie zu einer der herausforderndsten und symbolträchtigsten Strecken im F1-Kalender machen.

Yachten im alten Hafen

Der alte Hafen von Monaco ist ein regelmäßiger Treffpunkt der Milliardäre, denn hier legen die (sehr) Reichen während ihrer Kreuzfahrten im Mittelmeer an.

Ausflug zum Freiluftmarkt in Italien

Ein Tagesausflug nach Ventimiglia in Italien, nur eine halbe Stunde von Monaco entfernt. Der Freiluftmarkt gilt als einer der schönsten an der Côte d'Azur.

Princess Grace Irish Library

Die Bibliothek wurde von Fürst Rainier III. eröffnet, um die irischen Wurzeln der verstorbenen Fürstin Gracia Patricia zu ehren.

Skulpturenweg

Entdecke die vielen berühmten Skulpturen entlang des Chemin des Sculptures und nutze die großartige Möglichkeit, die Kunstszene von Monaco zu erkunden. Der Rundgang präsentiert Werke international bekannter Künstler, führt durch malerische Gärten und bietet neben den Kunstwerken auch herrliche Ausblicke auf das Meer.

Europa – Der Norden

SCHWEDEN

Übernachtung im Eishotel in Jukkasjärvi

Erlebe eine frostige Welt und verbringe eine Nacht im einzigartigen Eishotel in Jukkasjärvi. Erlebe die faszinierende Architektur aus Schnee und Eis.

Wildniswanderung auf dem Kungsleden

Wage eine abenteuerliche Wanderung auf dem Kungsleden, einem der bekanntesten Fernwanderwege Schwedens, und genieße die Einsamkeit der schwedischen Wildnis.

Elchsafari in Värmland

Begib dich auf eine spannende Elchsafari in der Region Värmland und beobachte die majestätischen Elche in ihrem natürlichen Lebensraum.

Kajak-Abenteuer im Stockholmer Schärengarten

Entdecke die atemberaubende Schärengartenlandschaft vor den Toren Stockholms, paddle vorbei an malerischen Inseln und entdecke versteckte Buchten.

Mitternachtssonne auf den Lofoten

Genieße endlose Tage und magische Sonnenuntergänge bei einer Wanderung entlang der Küste. Das einzigartige Erlebnis der faszinierenden Mitternachtssonne zieht jedes Jahr Naturliebhaber aus aller Welt an. Küstenwanderungen bieten spektakuläre Ausblicke auf das Nordpolarmeer und malerische Dörfer.

Übernachtung in einem Baumhaus in den Wäldern Smålands

Übernachte in einem gemütlichen Baumhaus und genieße die Stille und Abgeschiedenheit der Natur.

Kiruna Eiskirche

Bestaune die faszinierende Eisarchitektur der Kiruna Ice Church in Lappland. Tauche ein in die magische Atmosphäre und erlebe eine einzigartige Kombination aus Kunst, Kultur und Natur. Dabei ist die Eiskirche nicht nur ein Ort des Gebets, sondern auch ein Wunderwerk der Eiskunst, das jedes Jahr aufs Neue aus dem klaren Eis des Flusses Torne älv erbaut wird. Besucher können die eisige Pracht bewundern und an den zahlreichen Veranstaltungen und Aktivitäten teilnehmen, die in diesem eisigen Wunderland stattfinden.

Rentierschlittenfahrt in Jokkmokk

Lass dich von den Rentieren durch die verschneite Landschaft ziehen und erfahre mehr über die Kultur und Lebensweise der Samen.

Schloss Gripsholm

Erkunde Schloss Gripsholm und tauche ein in die Geschichte und Pracht vergangener Zeiten mit kunstvollen Räumen, prächtiger Architektur und dem Blick auf den See Mälaren.

Segeltörn entlang der Westküste Schwedens

Setze die Segel und entdecke malerische Fischerdörfer und idyllische Buchten.

NORWEGEN

Mit dem Kajak durch den Geirangerfjord

Entdecke den atemberaubenden Geirangerfjord und erlebe die majestätische Schönheit der norwegischen Fjordlandschaft hautnah.

Wildwasserrafting auf dem Fluss Sjoa

Erlebe den Adrenalinkick beim Wildwasserrafting und meistere die aufregenden Stromschnellen.

Hundeschlittenfahrt in Tromsø

Lass dich von einem Rudel Huskies durch die verschneite Landschaft rund um Tromsø ziehen – spüre die Kraft der Hunde, genieße die Stille der Arktis.

Übernachte in einer Fischerhütte auf den Lofoten

Erlebe die einzigartige Atmosphäre der Lofoten und genieße den Charme der kleinen roten Hütten mit frischem Fisch direkt aus dem Meer.

Stabkirche von Urnes

Bewundere die beeindruckende Holzarchitektur, die zum UNESCO-Weltkulturerbe gehört, mit ihren kunstvollen Schnitzereien und spüre den spirituellen Charme dieses historischen Ortes. Die Stabkirche von Urnes stammt aus dem 12. Jahrhundert und ist eine der ältesten Holzkirchen Norwegens. Ihre Architektur und Verzierungen sind Meisterwerke mittelalterlicher Kunst und Geschichte.

Wanderung zum Preikestolen

Wage dich auf die atemberaubende Felsklippe hoch über dem Lysefjord. Erklimme den steilen Pfad und steige hinauf zum beeindruckenden Aussichtspunkt mit spektakulärem Blick über den Fjord.

Nächtliche Rentierschlittenfahrt in Røros

Erlebe den klaren Sternenhimmel von Røros. Lass dich von den sanften Rentieren durch die winterliche Landschaft ziehen und tauche ein in die nordische Nacht.

Trolltunga

Erlebe den Nervenkitzel einer anspruchsvollen Wanderung auf der »Trollzunge« und genieße die atemberaubende Aussicht auf den See Ringedalsvatnet.

Besuch der Insel Senja

Entdecke die unberührte Schönheit der Insel, die oft das »Alaska Norwegens« genannt wird. Sie liegt im Norden Norwegens und bietet eine atemberaubende Landschaft mit Bergen, Fjorden und weißen Sandstränden. Auf Senja, der zweitgrößten Insel Norwegens, gibt es eine reichhaltige Tierwelt, unter anderem Seeadler und Rentiere, die das Naturerlebnis auf der Insel bereichern.

Eisfischen auf der Hardangervidda

Erlebe das traditionelle norwegische Angelerlebnis des Eisfischens. Grabe ein Loch in den zugefrorenen See, werfe die Angel aus und hoffe auf einen Fang. Ein guter Angelführer wird empfohlen.

FINNLAND

Übernachtung unter Polarlichtern in Rovaniemi

Erlebe die Magie der Polarlichter in einem Glasiglu und genieße den atemberaubenden Anblick der farbigen Lichter am Himmel.

Huskyschlittentour in Lappland

Fahre mit dem Schlitten durch die verschneite Wildnis Lapplands. Lass dich von den energiegeladenen Hunden durch die Landschaft ziehen.

Traditionelles Saunaerlebnis in Helsinki

Entspanne in einer traditionellen Sauna in Helsinki. Genieße die wohltuende Wärme und die gesundheitlichen Vorteile dieser einzigartigen Wellnesstradition.

Rentiersafari in Inari

Lerne die Kultur und Traditionen der samischen Ureinwohner kennen und genieße eine einzigartige Begegnung mit diesen faszinierenden Tieren.

Kanutour auf den tausend Seen

Paddel durch klare Gewässer, entdecke versteckte Buchten und genieße die Ruhe und Schönheit der Natur. Dieses Ökosystem bietet eine reiche Artenvielfalt und eine einzigartige Gelegenheit, Schwedens Tier- und Pflanzenwelt in ihrer natürlichen Umgebung zu erleben. Hier kann man Elche, Biber und Fischadler beobachten.

Weihnachtsmanndorf in Rovaniemi

Entdecke die offizielle Residenz des Weihnachtsmanns und treffe ihn persönlich in seiner Werkstatt in vorweihnachtlicher Atmosphäre.

Besuch der Insel Suomenlinna

Erkunde die historische Festungsinsel Suomenlinna vor den Toren Helsinkis. Lass dich in die Vergangenheit entführen und erkunde die gut erhaltenen Befestigungsanlagen, Museen und charmanten Cafés.

Mitternachtssonne in Lappland

Reise in den Norden Finnlands und genieße die endlosen Tage, an denen die Sonne im Sommer nicht untergeht und dieses einzigartige Naturphänomen eine magische Atmosphäre schafft. Auch Rentiersafaris und die Beobachtung der arktischen Tierwelt sind in dieser Zeit besonders beeindruckend.

Nationalpark Nuuksio

Entfliehe der Hektik der Stadt und wandere durch dichte Wälder mit kristallklaren Seen. Der Park erstreckt sich über eine Fläche von etwa 45 Quadratkilometern und ist Lebensraum für eine Vielzahl von Tierarten. Die Seen mit guter Wasserqualität laden zum Baden, Angeln und Kanufahren ein.

Designviertel in Helsinki

Erlebe innovative Architektur, trendige Boutiquen, Galerien und gemütliche Cafés. Lass dich von der Kreativität und Ästhetik des finnischen Designs inspirieren.

DÄNEMARK

Übernachtung im Leuchtturm Rubjerg Knude

Erlebe den Charme und die Geschichte dieses beeindruckenden Bauwerks. Genieße den atemberaubenden Blick über die Nordsee.

Nationalpark Thy

Wanderung durch eine abwechslungsreiche Landschaft mit weiten Dünen und seltenen Pflanzen- und Tierarten.

Moesgaard Museum in Aarhus

Erkunde die archäologischen Ausstellungen und lerne auf interaktive Weise mehr über die Entwicklungsgeschichte des Menschen. Das Museum beherbergt gut erhaltene prähistorische Artefakte und Ausgrabungen aus der Region, darunter die berühmte Moorleiche des Grauballmannes. Es bietet außerdem modernste interaktive Displays und Multimedia-Präsentationen, die die Geschichte lebendig werden lassen.

Freistadt Christiania

Die selbstverwaltete »Freie Stadt« innerhalb der dänischen Hauptstadt verkörpert einen alternativen Lebensstil, der sich durch eine starke Gemeinschaftskultur, künstlerische Freiheit und ein unkonventionelles Lebensgefühl auszeichnet.

Experimentarium in Kopenhagen

Erlebe Wissenschaft zum Anfassen in interaktiven Ausstellungen mit spannenden Experimenten.

Sandboarding in den Dünen von Råbjerg Mile

Gleite die steilen Sandhügel hinunter und erlebe den Nervenkitzel des Sandboardens in einer ungewöhnlichen Umgebung.

Legoland Billund

Lass deine Kindheitsträume wahr werden und erkunde die faszinierende Welt aus Legosteinen, bestaune die detailreichen Bauwerke und genieße die aufregenden Fahrgeschäfte.

Segeltörn auf dem Limfjord

Erlebe die Schönheit dieses abwechslungsreichen Segelreviers und die vielfältige Naturlandschaft. Entdecke versteckte Buchten und charmante Hafenstädte entlang der Küste.

Fahrradtour auf der Insel Møn

Radle entlang der Küste und besuche die beeindruckenden Kreidefelsen von Møns Klint. Eine perfekte Kombination aus Naturerlebnis und sportlicher Aktivität.

Kajaktour durch den Schärengarten von Südfünen

Durch schmale Wasserwege, vorbei an kleinen Inseln, die Ruhe und Schönheit der Natur genießen. Der Südfünische Schärengarten erstreckt sich entlang der dänischen Küste und besteht aus mehr als 50 Inseln. Die Gewässer sind für ihre Artenvielfalt an Seehunden, Vögeln und Fischen bekannt. Mit dem Kajak kann man die einzigartige maritime Umgebung erkunden und entlegene Orte entdecken, die oft nur mit dem Kajak erreichbar sind.

ISLAND

Gletscherwanderung auf dem Sólheimajökull

Lass dich von einem erfahrenen Führer sicher über den Gletscher führen und genieße die majestätische Schönheit der Umgebung.

Baden in einer heißen Quelle abseits der Touristenpfade

Entdecke zum Beispiel die versteckte Skátalaug-Quelle auf der Halbinsel Reykjanes am Südende des Sees Kleifarvatn und genieße ein entspannendes Bad.

Puffins auf den Westmännerinseln

Beobachte die niedlichen Papageientaucher (Puffins) in ihrer natürlichen Umgebung und lerne mehr über diese besonderen Vögel. Puffins sind Zugvögel und verbringen den größten Teil ihres Lebens auf dem offenen Meer. Sie kehren jedoch jedes Jahr im Sommer zum Brüten zurück.

Mitternachtssonne am Hvítserkur-Felsen

Sei dabei, wenn die Sonne am späten Abend oberhalb des Horizonts sichtbar bleibt und den Himmel in ein magisches Licht taucht.

Lavahöhle Vatnshellir

Die geheimnisvolle Höhle mit ihren beeindruckenden Formationen aus Lava und Eis gewährt Einblicke in die faszinierende Unterwelt Islands.

Schnorcheln in der Silfra-Spalte

Wage dich in das klare, eiskalte Wasser der Silfra-Spalte und erlebe ein einzigartiges Schnorchelerlebnis zwischen den tektonischen Platten Nordamerikas und Europas.

Djúpalónssandur Lavafelder

Wandere durch die mystischen Lavafelder von Djúpalónssandur und entdecke die raue Schönheit der schwarzen Lavasandstrände. Djúpalónssandur war früher ein beliebter Ort für Fischer, und am Strand sind noch Überreste von alten Fischerbooten und -geräten zu finden. Diese Überreste erzählen von der harten Arbeit und dem Leben der Fischer in früheren Zeiten.

Helikopterflug über Gletscher und Vulkane

Erlebe ein unvergessliches Abenteuer hoch über den majestätischen Gipfeln und lass dich von den beeindruckenden Landschaften verzaubern.

Vatnajökull-Nationalpark

Gletscher, Wasserfälle, Vulkane – wandere durch die atemberaubenden Schluchten und bestaune die beeindruckende Vielfalt der Landschaft. Im größten Nationalpark Europas liegt der namensgebende Vatnajökull, der größte Gletscher Europas.

Polarlichter in abgelegener Umgebung

Im Nationalpark Þingvellir, fernab von Lichtverschmutzung, kann man die faszinierenden Polarlichter (Aurora borealis) am Nachthimmel aus nächster Nähe beobachten.

GRÖNLAND

Heliskiing in der Region Tasiilaq

Entdecke die atemberaubende Berg- und Gletscherwelt Grönlands und erlebe das ultimative Abenteuer beim Heliskiing.

Kajakfahren zwischen Eisbergen im Ilulissat-Eisfjord

Erlebe die einzigartige Möglichkeit, mit einem Kajak zwischen den schwimmenden Eisbergen im Ilulissat-Eisfjord zu paddeln.

Inuit-Kunstgalerie in Nuuk

Bewundere kunstvolle Schnitzereien aus Walross- und Rentierknochen, faszinierende Gemälde, handgefertigte Textilien und traditionelle Kunsthandwerksstücke, die das reiche kulturelle Erbe der Inuit widerspiegeln. Die Inuit-Kunst hat eine lange Geschichte und ist eng mit der Lebensweise, der Mythologie und der Natur der Inuit verbunden.

Walsafari in der Diskobucht

Besuche einen der besten Plätze der Welt, um Buckelwale, Zwergwale und Finnwale zu beobachten. Erlebe die beeindruckenden Sichtungen und höre den Gesang der Wale in ihrer natürlichen Umgebung.

Wanderung zum Qooroq-Eisfjord

Erlebe die spektakuläre Aussicht auf blau schimmernde Gletscher und treibende Eisberge auf dem Weg zu einem der aktivsten Gletscher Grönlands.

Inuit-Museum in Narsaq

Lerne die traditionelle Lebensweise, die Jagd- und Fischereitechniken sowie die Kunst der Inuit anhand einer vielfältigen Sammlung von Artefakten kennen.

Eisfischen auf einem zugefrorenen Fjord

Wirf deine Angel ins eisige Wasser und genieße die Stille der arktischen Landschaft, während du auf deinen Fang wartest.

Ilulissat-Eisfjord

Der Eisfjord von Ilulissat ist ein beeindruckendes UNESCO-Weltnaturerbe. Hier brechen riesige Eisberge vom Gletscher ab und stürzen donnernd ins Meer. Das Naturschauspiel ist atemberaubend und zeigt die gewaltige Kraft der Natur. Interessant: Der Eisfjord ist einer der aktivsten Gletscher der Welt, die abbrechenden Eisberge sind bis zu einem Kilometer lang. Neben spektakulären Aussichten bietet der Ort auch Einblicke in die dramatischen Veränderungen der polaren Umwelt durch den Klimawandel.

Schneemobilsafari durch die arktische Tundra

Über schneebedeckte Weiten fahren und die Stille der Landschaft erleben, dabei die faszinierende Tierwelt und die einzigartige Natur entdecken.

Dorf Ittoqqortoormiit

Die traditionelle Kultur der Inuit hautnah kennenlernen und mehr über den Alltag, die Bräuche und die Herausforderungen der Menschen in dieser abgelegenen Region erfahren.

ESTLAND

Seegefängnis Patarei in Tallinn

Erlebe das geheimnisvolle Gefängnis mit seiner düsteren Geschichte und erkunde die beeindruckenden, verlassenen Gebäude.

Traditionelle Saunazeremonie in Võrumaa

Uralte Rituale und heiße Aufgüsse werden in authentischer Umgebung zelebriert. Bemerkenswert ist, dass die estnische Saunakultur zum immateriellen Weltkulturerbe der UNESCO gehört. Bei der Saunazeremonie wird die Haut mit Birkenzweigen geschlagen, gefolgt von Aufgüssen und Abkühlung im kalten Wasser. Diese Praxis fördert Entspannung und soziale Interaktion und ist tief in der estnischen Kultur verwurzelt.

Segelabenteuer auf dem Peipus-See

Genieße die Freiheit und das sanfte Plätschern der Wellen auf dem weiten, malerischen Wasser.

Abenteuerpark Alutaguse

Mit seinen Hochseilgärten, Seilrutschen und herausfordernden Parcours bietet der Park ein spannendes Abenteuer inmitten der Schönheit und Ruhe der unberührten Natur.

Soomaa-Nationalpark bei Nacht

Lass dich von der unberührten Natur im Mondschein verzaubern und erforsche die Wildnis.

Kreatives Töpfern in Viljandi

Gestalte dein eigenes Kunstwerk und tauche ein in die estnische Handwerkskunst, beispielsweise indem man die traditionelle estnische Technik der »Kurzkeramik« erlernt und lokale Tone für die Herstellung authentischer estnischer Keramik verwendet.

Street-Art-Tour in Telliskivi

Lass dich von der urbanen Kreativität inspirieren und entdecke beeindruckende Graffiti und Kunstwerke.

Kulturreise im Seto-Museum von Saatse

Hier kann man die reiche Geschichte, die farbenfrohen Trachten, die traditionelle Musik und das Kunsthandwerk entdecken, die die Identität und das Erbe der Seto-Gemeinschaft lebendig erhalten.

Heißluftballonfahrt über Saaremaa

Erlebe die malerische Landschaft und die Ruhe in schwindelerregender Höhe.

Schwarzbrot-Workshop in einem estnischen Dorf

Lerne das traditionelle Handwerk und die Geheimnisse des köstlichen, herzhaften Brotes kennen. Es wird gezeigt, wie aus Roggenmehl, Sauerteig und Wasser der Teig entsteht. Die Geheimnisse des Sauerteigprozesses, des Teigknetens und der perfekten Gärung werden dir vermittelt. Nach dem Formen des Brotes wird es im Holzofen gebacken, was ihm einen einzigartigen Geschmack und eine knusprige Kruste verleiht.

LETTLAND

Strand von Jūrmala

Verbringe einen Tag an den flachen Sandstränden von Jūrmala und genieße die Ostsee.

Die historische Altstadt von Riga bei Nacht

Entdecke die mittelalterliche Atmosphäre der Altstadt von Riga, wenn die prächtigen Gebäude und charmanten Gassen von stimmungsvollen Lichtern erhellt werden.

Die Geheimnisse des KGB-Gebäudes, Riga

Im ehemaligen KGB-Gebäude in Riga wird die dunkle Vergangenheit Lettlands erforscht. Das Gebäude diente während der sowjetischen Besatzung als Ort politischer Verfolgung, Folter und geheimdienstlicher Tätigkeit. Heute beherbergt es das Museum der Besatzung und des Freiheitskampfes, das die Geschichte der Besatzung und des lettischen Widerstands dokumentiert. Besucher können Originalzellen, Verhörräume und Ausstellungen besichtigen.

Gauja-Nationalpark

Wandere durch dichte Wälder, durch malerische Täler und entlang des Flusses Gauja zu mittelalterlichen Burgen.

Bootsfahrt auf der Daugava (deutsch Düna)

Lass dich von der Ruhe des Flusses und den grünen Ufern verzaubern, während du die Natur und Kultur entlang des Flusses erkundest.

Burgruine Koknese

Besuche die mittelalterliche Burgruine, die zwischen den Flüssen Persi und Daugava liegt, und erlebe die kulturellen Veranstaltungen und Aktivitäten, die hier regelmäßig stattfinden.

Radfahren im Gauja-Nationalpark

Auf zwei Rädern den Gauja-Nationalpark besuchen. Folge den malerischen Radwegen, entdecke versteckte Orte und erlebe die unberührte Natur im größten und ältesten Nationalpark Lettlands.

Schloss Rundāle

Bewundere die prachtvolle Barockarchitektur des Schlosses (auch »Versailles des Baltikums« genannt), erkunde die prunkvollen Innenräume und spaziere durch die liebevoll angelegten Schlossgärten, die in barockem Stil mit Skulpturen und einem Rosengarten gestaltet sind.

Nationalpark Slītere

Im Nationalpark auf der von der Ostsee umspülten Halbinsel Nordkurland kann man die unberührte Natur erkunden. Genieße atemberaubende Ausblicke auf das Meer und entdecke seltene Pflanzen- und Tierarten.

Lettisches Ethnographisches Freilichtmuseum

Erkunde traditionelle lettische Bauernhäuser und entdecke die reiche kulturelle Vielfalt des Landes in einem der ältesten und größten Freilichtmuseen Europas am Ufer des Jugla-Sees, nur eine halbe Autostunde von Riga entfernt.

LITAUEN

Altstadt von Vilnius

Tauche ein in die bezaubernde Atmosphäre der Altstadt von Vilnius, der größten im Baltikum. Entdecke die barocke Architektur, schlendere durch die engen Gassen.

Kurische Nehrung

Erlebe die einzigartige Naturlandschaft auf dem schmalen Landstreifen zwischen Ostsee und Kurischem Haff. Genieße goldene Sanddünen, die reiche Vogelwelt und charmante Fischerdörfer.

Radtour durch die litauische Landschaft

Folge malerischen Radwegen durch idyllische Dörfer, vorbei an Seen und Flüssen und erlebe die unberührte Natur des Landes hautnah.

Berg der Kreuze

Besuche diesen einzigartigen religiösen Ort mit Tausenden von Kreuzen, die von Pilgern aufgestellt wurden. Erfahre mehr über die spirituelle Bedeutung dieses Ortes und genieße die beeindruckende Aussicht von der Spitze des Berges.

Kajakfahren auf einem der litauischen Flüsse

Nimm an einer Kajaktour auf einem der zahlreichen Flüsse Litauens teil und entdecke die malerische Flusslandschaft vom Wasser aus.

Nationalpark Trakai

Besuche die berühmte Wasserburg von Trakai. Vertiefe dich in die Geschichte der litauischen Großfürsten und genieße die malerische Seen- und Waldlandschaft.

Kulinarische Tour durch Vilnius

Erlebe die litauische Küche in Vilnius. Probiere lokale Spezialitäten wie Cepelinai (Kartoffelklöße), Kibinai (gefüllte Teigtaschen) oder Šaltibarščiai (kalte Rote-Bete-Suppe).

Nationalpark Aukštaitija

Entdecke die abwechslungsreiche Landschaft des Nationalparks mit seinen malerischen Seen, Flüssen und dichten Wäldern. Hier findet man eine reiche Tierwelt, darunter Elche, Wölfe und Luchse.

Gediminas-Hügel

Der Hügel bietet nicht nur einen atemberaubenden Blick auf die Stadt, sondern ist auch von historischer Bedeutung. Die Überreste einer mittelalterlichen Burg, die einst die Hauptstadt schützte, sind hier zu sehen. Die Anlage ist ein nationales Symbol und ein Ort für Feiern und Veranstaltungen. Auf dem Hügel befindet sich außerdem ein Wachturm, den man besteigen kann, um die Aussicht zu genießen.

Johannisfest

In Vilnius und anderen litauischen Städten tanzen die Menschen in der Nacht vom 23. auf den 24. Juni um große Lagerfeuer, singen traditionelle Lieder und springen sogar über die Flammen, um Glück und Gesundheit zu bringen.

Europa – Der Süden

ITALIEN

Trastevere, Rom

Schlendere durch die engen Gassen dieses römischen Viertels und besuche eines der charmanten Cafés. Vergiss nicht, das weniger bekannte, aber faszinierende Museum Centrale Montemartini zu besuchen, eine einzigartige Mischung aus antiken Statuen und Industriearchitektur.

Cinque Terre

Erkunde die Küstenlandschaft bei einer Wanderung und genieße den Blick auf die bunten Dörfer, die sich an die Klippen schmiegen, und entdecke versteckte Buchten und idyllische Strände entlang des Weges.

Lasagne kochen in der Toskana

Lerne bei einem Kochkurs die Geheimnisse der italienischen Küche kennen. Kaufe frische Zutaten auf einem lokalen Markt und bereite eine echte toskanische Lasagne zu.

Ruinen von Pompeji

Tauche ein in die Geschichte dieser untergegangenen Stadt, erkunde gut erhaltene Mosaike, Tempel und Straßen.

Insel Burano

Entdecke die farbenfrohe Schönheit der Insel in der Lagune von Venedig, die für ihre bunten Häuser und die traditionelle Spitzenherstellung bekannt ist. Genieße die entspannte Atmosphäre dieses charmanten Fischerdorfes.

Segeltörn entlang der Amalfiküste

Finde versteckte Buchten, schwimme im klaren blauen Wasser und bewundere die atemberaubenden Klippen und pittoresken Städte entlang dieser malerischen Küste.

Galleria Borghese in Rom

Meisterwerke von Künstlern wie Bernini, Caravaggio und Raffael bewundern und die Schönheit und Eleganz dieser einzigartigen Kunstsammlung erleben. Der prachtvolle Palast mit seinen üppigen Gärten ermöglicht faszinierende Einblicke in die römische Bildhauerkunst und die Malerei der Renaissance sowie prachtvoll ausgestattete Säle, in denen die Kunstwerke in ihrem historischen Kontext präsentiert werden.

Trulli in Alberobello

Diese weltweit einzigartigen kegelförmigen Gebäude sind ohne Mörtel aus lokalem Kalkstein gebaut, eine Technik, die für eine natürliche Kühlung im Inneren der Rundhäuser sorgt.

Gelato-Verkostung in Florenz

Probiere das beste Eis von Florenz bei einer Verkostungstour durch die berühmten Gelaterien der Stadt und genieße von Cioccolato bis Mango-Chili unterschiedliche, handwerklich hergestellte Geschmacksrichtungen.

Antikes Theater in Taormina, Sizilien

Genieße den atemberaubenden Blick auf das Meer und den Vulkan Ätna. Besuche eine Aufführung oder genieße einfach die magische Atmosphäre dieses historischen Ortes.

SPANIEN

Gràcia, Barcelona

Ein Spaziergang vorbei an kleinen Boutiquen und Kunstgalerien, die die alternative Kunstszene der Stadt widerspiegeln. Verpasse nicht die Casa Vicens, Antoni Gaudís erstes bedeutendes Werk, das von Touristen oft übersehen wird, aber ein architektonisches Meisterwerk ist.

Wandern im Nationalpark Garajonay auf La Gomera

Entdecke die üppige Natur bei einer Wanderung durch dichte Lorbeerwälder, vorbei an atemberaubenden Aussichtspunkten und malerischen Wasserfällen.

Tapas-Tour in Sevilla

Lerne bei einer Tapas-Tour durch die Straßen Sevillas die kulinarische Vielfalt Andalusiens kennen. Entdecke die lebendige Atmosphäre der Tapas-Bars der Stadt.

Alhambra in Granada bei Sonnenaufgang

Die magische Schönheit in den frühen Morgenstunden erleben, wenn die Sonne die maurischen Paläste und Gärten in goldenes Licht taucht.

Surfen in Tarifa

Ein aufregendes Surfabenteuer an einem der besten Surfspots Europas. Spüre den Nervenkitzel beim Ritt auf den Wellen und genieße die entspannte Strandatmosphäre dieser lebendigen Küstenstadt.

Flamenco-Workshop in Sevilla

Tauche ein in die Welt der Musik und des Tanzes, lerne die Grundschritte und Rhythmen des Flamenco und spüre die Energie und Ausdruckskraft dieser faszinierenden traditionellen Kunstform.

Museo Guggenheim in Bilbao

Bewundere die futuristische Architektur des Gebäudes und entdecke zeitgenössische Kunstwerke von renommierten Künstlern wie Jeff Koons und Yayoi Kusama. Das von Frank Gehry entworfene Museum ist ein Wahrzeichen der modernen Architektur. Mit seiner einzigartigen Titanverkleidung und den organischen Formen ist das Gebäude selbst ein Kunstwerk und fügt sich harmonisch in das Stadtbild ein.

Radtour durch die Weinberge von La Rioja

Genieße die Landschaft, probiere die lokalen Weine und erlebe die einzigartige Weinkultur Spaniens. Entlang der malerischen Hügel und Täler gedeiht die berühmte Tempranillo-Traube, aus der vollmundige, tiefrote Weine mit komplexen Aromen gekeltert werden.

Oasenstadt Maspalomas auf Gran Canaria

Spaziere zwischen Sanddünen, Palmenoasen und dem azurblauen Meer. Genieße die Ruhe und Natur dieser einzigartigen Küstenlandschaft.

Kajakfahren in den Höhlen Menorcas

Paddle durch kristallklares Wasser, entdecke geheime Höhlen und erlebe die unberührte Schönheit dieser Mittelmeerinsel.

PORTUGAL

Coimbra

Die ehemalige Hauptstadt Portugals bietet eine reiche Geschichte und Architektur mit einem bemerkenswerten botanischen Garten. Zur Stadt gehört auch die historische Universität, eine der ältesten Europas, die seit 1290 Wissen und Kultur prägt.

Kajakfahren entlang der Küste der Algarve

Erlebe das kristallklare Wasser mit versteckten Höhlen und geheimen Stränden auf abenteuerliche Weise.

Traditioneller Fado-Abend in Lissabon

Gehe in eine Fado-Bar in den malerischen Vierteln Lissabons, lausche den ergreifenden Gesängen und erlebe die einzigartige Atmosphäre dieser Musikrichtung.

Wandern auf dem Pico auf den Azoren

Erklimme den höchsten Berg Portugals, den Pico auf der Azoreninsel Pico. Genieße spektakuläre Ausblicke auf die umliegende Landschaft.

Palácio da Pena in Sintra

Auf einem der höchsten Punkte der Serra de Sintra gelegen, bietet der Palast spektakuläre Panoramablicke. Ebenso beeindruckend sind die umliegenden Gärten, die sich über 200 Hektar erstrecken und mit exotischen Pflanzen, versteckten Wegen und verwunschenen Grotten aufwarten.

Surfen an der Küste von Ericeira

Spüre den Nervenkitzel des Surfens und genieße die perfekten Wellen an einem der besten Surfspots Europas, bekannt für sein World Surfing Reserve, dem ersten in Europa mit außergewöhnlicher Artenvielfalt und hoher Wellenqualität.

Weinregion Douro

Die Schönheit des Douro-Tals erleben, der ältesten abgegrenzten Weinregion der Welt. Genieße Weinproben in Weingütern und wandere durch die terrassierten Weinberge.

Ozeanarium in Lissabon

Bestaune eine Vielzahl von Meereslebewesen, von exotischen Fischen bis zu majestätischen Haien, und erfahre mehr über den Reichtum des portugiesischen Meeres.

Geschmackserlebnis Pasteis de Belém

Genieße den zarten Blätterteig, die cremige Füllung und den einzigartigen Geschmack dieser portugiesischen Süßspeise.

Porto

Besuche die historischen Schätze dieser faszinierenden Stadt mit dem berühmten Ribeira-Viertel und den Portweinkellern am Ufer des Flusses Douro. Die traditionellen Rabelo-Boote, die einst den Portwein aus dem Douro-Tal zu den Weinkellern von Vila Nova de Gaia transportierten, sind ein wichtiges Kulturerbe, das die einzigartige Geschichte der Stadt und ihrer Weinindustrie widerspiegelt.

GRIECHENLAND

Blaue Grotten von Zakynthos

Schnorcheln im klaren, türkisblauen Wasser dieser natürlichen Höhlen auf der Insel Zakynthos. Erlebe den Zauber dieser einzigartigen Naturattraktionen und entdecke die vielfältige Meeresfauna.

Wanderung auf dem Samaria-Schluchtenweg, Kreta

Die Samaria-Schlucht ist mit rund 17 Kilometern eine der längsten Schluchten Europas. Sie bietet eine atemberaubende Naturlandschaft mit seltenen Pflanzen- und Tierarten sowie beeindruckenden geologischen Formationen.

Segeltörn zu den Inseln der Kykladen

Besuche einsame Buchten, entdecke charmante Dörfer und genieße das kristallklare Wasser der Ägäis. Neben der einzigartigen Architektur der Inseln mit ihren weiß getünchten Häusern ist auch die griechische Gastfreundschaft zu erfahren.

Die antike Stadt Delphi bei Sonnenaufgang

Erlebe den mystischen Charme der antiken Stätte auf dem Parnass bei Sonnenaufgang. Bestaune die Ruinen, spüre die spirituelle Atmosphäre.

Kajakfahren entlang der Pilion-Küste

Die Region ist bekannt für ihre spektakuläre Küstenlandschaft, die grünen Berge, die direkt ins Meer abfallen, und das klare, blaue Wasser.

Meteora-Klöster

Die beeindruckenden Klöster thronen hoch oben auf Felssäulen. Sechs der ursprünglich 24 Monumente können heute noch besichtigt werden. Jedes der zugänglichen Klöster hat seine eigene einzigartige Geschichte und Kunstschätze, darunter jahrhundertealte Ikonen und Fresken. Die Klöster dienten den Mönchen als Zufluchtsort während politischer Unruhen und boten über Jahrhunderte hinweg spirituelle Führung. Die herausfordernde Lage auf den steilen Felsen symbolisiert den Glauben und die Hingabe der Mönche.

Kochkurs in Athen

Lerne bei einem traditionellen Kochkurs in Athen, wie man griechische Köstlichkeiten wie Moussaka und Souvlaki zubereitet.

Klettern in der Vikos-Schlucht

Erklimme die steilen Felswände, genieße den Nervenkitzel beim Klettern und bewundere die atemberaubende Aussicht auf die tiefste Schlucht Europas.

Yoga-Retreat auf Santorin

Praktiziere Yoga an den spektakulären Stränden oder auf den Klippen und finde innere Ruhe und Ausgeglichenheit in dieser idyllischen Umgebung.

Antikes Theater in Epidauros

Genieße die Klänge einer Aufführung oder erkunde das gut erhaltene Theater selbst und lasse dich von der faszinierenden Geschichte dieses beeindruckenden Ortes mitreißen.

MALTA

Blaue Grotte bei Zurrieq

Die Grotte ist bekannt für ihre beeindruckende Naturschönheit, die Kombination aus blauem Meer und Himmel schafft atemberaubende Bilder, besonders bei Sonnenaufgang.

Ggantija Tempel, Gozo

Besuche die Ggantija Tempel, die zu den ältesten frei stehenden Bauwerken der Welt gehören und eine faszinierende Geschichte aus prähistorischer Zeit erzählen.

Wanderung entlang der Dingli Klippen

Wandere entlang der Dingli Klippen und genieße spektakuläre Ausblicke auf das Mittelmeer und die umliegende Landschaft.

Popeye Village

Besuche das Popeye Village an der Anchor Bay, das als Kulisse für den gleichnamigen Film diente. Genieße lustige Aktivitäten wie Bootsfahrten, Karting und die Entdeckung der Filmsets.

Die Altstadt von Mdina bei Nacht

Erlebe bei einem nächtlichen Spaziergang durch die Festungsstadt Mdina die historische Atmosphäre und das einzigartige Ambiente der engen Gassen und beleuchteten Gebäude.

Segeltörn zur Insel Comino

Segel durch die berühmte Blaue Lagune mit ihrem kristallklaren Wasser. Bade, schnorchle und entspann dich an diesem idyllischen Ort.

Malta National Aquarium in Quawra

Tauche ein in die faszinierende Welt des Meeres. Die Ausstellungen simulieren die maltesische Unterwasserwelt und die Lebensräume des Mittelmeers, einschließlich eines Themenbeckens mit Schiffswracks. Das Aquarium bietet auch interaktive Erlebnisse, bei denen die Besucher mehr über den Schutz der Meeresumwelt erfahren können. Ein Highlight ist der transparente Tunnel, der einen atemberaubenden 360-Grad-Blick auf Haie, Rochen und andere Fische bietet.

Street-Art-Tour in Valletta

Bewundere die beeindruckenden Graffiti-Kunstwerke und Wandmalereien, die die Straßen der Hauptstadt schmücken.

Tal der Ġgantija-Tempel

Bereise eines der ältesten frei stehenden Gebäude der Welt, die Ġgantija-Tempel auf Gozo. Diese neolithischen Tempel sind von Mythen umgeben und bieten einen faszinierenden Einblick in die Frühgeschichte der Menschheit.

Kulinarische Tour durch Marsaxlokk

Bei einer kulinarischen Tour durch das malerische Fischerdorf Marsaxlokk bieten sich einem zahlreiche Möglichkeiten, frische Meeresfrüchte und traditionelle maltesische Gerichte in lokalen Restaurants zu probieren.

ZYPERN

Kajakfahren entlang der Akamas-Küste

Entdecke diese atemberaubende Küste auf Zypern mit dem Kajak und erkunde versteckte Buchten, beeindruckende Felsformationen und kristallklares Wasser.

Wandern im Nationalpark Troodos

Wandere durch die verschiedenen Ökosysteme des Troodos, von dichten Wäldern bis zu hohen Gipfeln, und bestaune einzigartige endemische Pflanzenarten und byzantinische Klöster.

Antike Stadt Kourion

Lass dich in die antike Geschichte Zyperns entführen und erkunde die Ruinen der Stadt Kourion. Bestaune das gut erhaltene Amphitheater, die Mosaiken und die beeindruckende Aussicht auf das Meer.

Tauchen am Wrack der Zenobia

Erlebe ein außergewöhnliches Unterwasserabenteuer und tauche vor der Küste Larnacas am Wrack der Zenobia, das mit seiner Größe jeden Wrackliebhaber begeistert.

Lefkara

Ein Ausflug in das malerische Dorf Lefkara, das für seine handgefertigten Spitzen und Silberschmiedearbeiten bekannt ist. Erkunde die engen Gassen mit ihren Kunsthandwerksläden und probiere lokale Spezialitäten.

Paragliding von den Klippen von Akrotiri

Hol dir einen Adrenalinkick und erlebe Zypern aus der Vogelperspektive beim Paragliding von den Klippen von Akrotiri.

Salzsee von Larnaka

Spaziere am Salzsee von Larnaka entlang und beobachte die Flamingos, die während der Brutzeit hierherkommen. Der See ist ein Komplex aus vier miteinander verbundenen Salzseen, von denen drei im Sommer austrocknen und kristalline Salzfelder hinterlassen. Diese Salzablagerungen wurden historisch für die Salzgewinnung genutzt, die in der Vergangenheit ein wichtiger Wirtschaftszweig war.

Akamas-Naturschutzgebiet

Erkunde das Naturschutzgebiet, einen der wenigen Orte im Mittelmeerraum, an dem Meeresschildkröten ihre Eier ablegen.

Kykkos-Kloster

Besuche das Kloster im Troodos-Gebirge mit seiner wunderschönen Marienikone. Die Architektur des Klosters ist ein besonders eindrucksvolles Beispiel byzantinischer Baukunst. Es gibt opulente Fresken und Mosaiken zu bewundern. Die gesamte Anlage ist von üppigen Gärten umgeben und bietet einen atemberaubenden Blick auf die Landschaft der umliegenden Berge.

Weinprobe in Limassol

Die Weinkultur bei einer Weinprobe in den berühmten Weingütern von Limassol entdecken.

TÜRKEI

Heißluftballonfahrt über Kappadokien

Schwebe über die märchenhafte Landschaft Kappadokiens mit ihren atemberaubenden Felsformationen und Hügeln, die mit unterirdischen Höhlenwohnungen und historischen Stätten übersät sind.

Wandern auf dem Lykischen Weg

Einer der schönsten Wanderwege der Welt. Genieße die spektakuläre Küstenlandschaft, antike Ruinen und charmante Dörfer entlang der Strecke.

Pamukkale-Kalksinterterrassen

Beeindruckende Landschaft. Baden ist in Pamukkale nur in künstlich angelegten Becken erlaubt, damit die Kalkterrassen auch weiterhin weiß wie in einem surrealen Traum leuchten.

Antike Stadt Ephesos

Erkunde die faszinierenden Ruinen von Ephesos, eine der besterhaltenen antiken Städte der Welt mit dem Großen Theater oder der Celsus-Bibliothek. Archäologische Ausgrabungen gehen kontinuierlich weiter, und immer wieder werden neue Entdeckungen gemacht, die das Verständnis für diese historische Stätte vertiefen.

Segeln entlang der Türkischen Riviera

Entdecke versteckte Buchten, malerische Inseln und das türkisblaue Meer vom Segelboot aus.

Kalksteintrichter von Derinkuyu

Entdecke die unterirdische Stadt Derinkuyu mit ihrem faszinierenden Labyrinth aus Tunneln, Kammern und Brunnen, das einst als Schutz vor Eroberern diente.

Schneeschuhwandern in Kars

Abseits der überlaufenen Skigebiete bietet die Region eine atemberaubende Naturkulisse und die perfekte Gelegenheit für ein ungestörtes Schneeabenteuer.

Rafting in der Koprulu-Schlucht

Erlebe den Adrenalinkick beim Wildwasserrafting in der spektakulären Schlucht. Fahre durch aufregende Stromschnellen und bewundere die beeindruckende, naturbelassene Landschaft.

Berg Ararat

Dieser heilige Berg ist mit seiner majestätischen Erscheinung und seiner mythologischen Bedeutung ein faszinierendes Ziel für jeden Bergsteiger.

Kulinarische Tour durch Istanbul

Probiere traditionelle Gerichte wie Kebab, Baklava und türkischen Tee oder auch weniger bekannte Spezialitäten wie Meze, kleine Vorspeisen, Simit, ein ringförmiges Sesambrot, und Raki, den traditionellen Anisschnaps. Entdecke die Vielfalt der türkischen Küche auf lebhaften Basaren wie dem Gewürzmarkt, wo du eine Fülle an frischen Zutaten und Gewürzen findest. Besuche historische Cafés und genieße türkischen Kaffee, der für seinen intensiven Geschmack bekannt ist.

Europa – Der Osten

POLEN

Schloss Książ in Wałbrzych

Erkunde das beeindruckende Schloss Książ, das als eines der größten Schlösser Polens gilt, und erfahre mehr über seine reiche Geschichte und die damit verbundenen Legenden.

Übernachtung in einem Baumhaus im Bieszczady-Gebirge

Verbringe eine Nacht in einem gemütlichen Baumhaus, umgeben von unberührter Wildnis und atemberaubenden Aussichten.

Marienkirche in Gdańsk

Besuche die Marienkirche, eines der größten Backsteingebäude Europas und ein Meisterwerk der gotischen Architektur. Bewundere die kunstvolle Innenausstattung mit beeindruckenden Altären.

Segeln auf den Masurischen Seen

Mit dem Segelboot die malerischen Masurischen Seen befahren und die Ruhe und Schönheit dieser einzigartigen Region genießen.

Die Salzmine von Wieliczka

Besichtige das Salzbergwerk Wieliczka. In mehr als 700 Jahren wurden hier 26 Schächte gegraben und 9 Millionen Kubikmeter Hohlräume freigelegt.

Białowieża-Nationalpark

Auf einer Trekkingtour durch den Białowieża-Nationalpark, dem letzten Urwald Europas, kann man unberührte Natur und majestätische Wisente entdecken. Archäologische Ausgrabungen gehen kontinuierlich weiter, und immer wieder werden neue Entdeckungen gemacht, die das Verständnis für diese historische Stätte vertiefen. Ephesos ist ein Muss für alle Geschichtsinteressierten und ein unvergessliches Erlebnis für alle Besucher.

Übernachtung in einem schwimmenden Hotel auf der Weichsel

Verbringe eine einzigartige Nacht in einem schwimmenden Hotel auf der Weichsel und erlebe die entspannende Atmosphäre des Flusses.

Wisent-Safari im Nationalpark Białowieża

Erlebe eine geführte Tour durch den letzten Urwald Europas und beobachte die majestätischen Wisente, die größten Säugetiere Europas.

Malborker Burg

Das Mittelalter hautnah erleben beim Besuch der Malborker Burg während einer der beeindruckenden historischen Inszenierungen, die hier stattfinden.

Kajakfahrt auf dem Fluss Dunajec

Mache eine aufregende Kajakfahrt auf dem malerischen Fluss Dunajec und durchquere die atemberaubende Pieninen-Schlucht.

TSCHECHIEN

Schloss und Gärten von Kroměříž

Besichtige das barocke Schloss und seine Gärten, ein Meisterwerk der Landschaftsarchitektur mit einer Mischung aus Barockgarten, englischem Park und Landschaftsgarten, voller botanischer Raritäten und überraschender Wasserspiele.

Wanderung durch das Böhmische Paradies (Český ráj)

Wanderung durch die einmalige Schönheit der malerischen Felsenstädte, dichten Kiefernwälder, imposanten Burgen und pittoresken Blockhütten.

Alfons Mucha Museum, Prag

Tauche ein in die Welt des Jugendstils und bewundere die umfangreiche Sammlung von Werken des bekannten tschechischen Künstlers, darunter seine berühmten Plakate, Gemälde und Schmuckstücke.

Kajakfahrt auf der Sázava

Erlebe eine aufregende Kajakfahrt auf dem malerischen Fluss Sázava durch die idyllische Landschaft entlang der Ufer.

Schloss Hluboká

Inspiriert von der gotischen Architektur der königlichen Familie Windsor, präsentiert sich das Schloss Hluboká im neugotischen Stil, der sich in den aufwendigen Fassaden, Türmchen, Giebeln und Skulpturen widerspiegelt.

Dinner im Prager Palais Žofín

Im historischen Palais Žofín kann man sich bei Livemusik und in eleganter Atmosphäre mit einem unvergesslichen Dinner verwöhnen lassen.

Wassersport auf dem Lipno-Stausee

Adrenalin und Spaß beim Wasserskifahren, Wakeboarden oder Windsurfen auf dem malerischen, von Wäldern und Hügeln umgebenen Lipno-Stausee.

Besichtigung der Burg Karlštejn bei Nacht

Lass dich in die Atmosphäre des Mittelalters entführen und erkunde die beeindruckende Burg Karlštejn bei einer abendlichen Führung. Mit Fackeln beleuchtet, offenbart die Burganlage ihre Geschichte und Architektur in einem ganz besonderen Licht. Erlebe die romantische Stimmung beim Rundgang durch die historischen Gemäuer und lass dich in die Vergangenheit zurückversetzen.

Nationalpark Böhmische Schweiz

Entdecke die atemberaubende Landschaft mit markanten Sandsteinfelsen, tiefen Schluchten und stillen Wäldern. Wandere zum Prebischtor, der größten natürlichen Sandsteinbrücke Europas, die eine spektakuläre Aussicht auf die umliegende Wildnis bietet.

Ballonfahrt über die böhmische Landschaft

Genieße eine atemberaubende Ballonfahrt und betrachte die malerische böhmische Landschaft aus der Vogelperspektive.

SLOWAKEI

Nationalpark Slowakisches Paradies (Slovenský raj)

Klettere und wandere durch Schluchten, Wälder und malerische Wasserfälle und entdecke eine der größten Eishöhlen der Welt.

Street-Art-Tour in Bratislava

Zu sehen sind großflächige Wandmalereien bis hin zu feinen Schablonenarbeiten, die soziale Botschaften, kulturelle Identität und künstlerische Visionen widerspiegeln.

Wanderung durch die Weinberge der Kleinen Karpaten

Wandere auf idyllischen Pfaden, die sich durch die Weinberge schlängeln, koste unterwegs die typischen Weine der Region und erfahre mehr über die jahrhundertealte Weinbautradition.

Kochkurs für Bryndzové halušky in Banska Stiavnica

Unter Anleitung eines erfahrenen Kochs wird das Nationalgericht Bryndzové halušky zubereitet: kleine, handgemachte Kartoffelklöße mit cremigem Schafskäse (Bryndza) und knusprigem Speck – ein authentisches slowakisches Geschmackserlebnis.

Radtour entlang des Eisernen Vorhangs

Auf einer Radtour entlang der Grenze kann man die Geschichte und Kultur des ehemaligen Eisernen Vorhangs kennenlernen.

Demänovská jaskyňa Slobody / Demänováer Freiheitshöhle

Entdecke die faszinierende Unterwelt der Demänová-Höhle, wo beeindruckende Stalaktiten und Stalagmiten eine surreale Kulisse bilden.

Segeln auf dem Donau-Stausee Zemplínska šírava

Lass dir beim Segeln auf dem Donau-Stausee Zemplínska šírava die Haare vom Wind zerzausen und genieße die Landschaft der Region Zemplín.

Dorf Vlkolínec

Erlebe die reiche slowakische Kultur in dieser einzigartigen, unberührten Siedlung mit 40 originalen, bewohnten Holzhäusern im UNESCO-Weltkulturerbe-Dorf Vlkolínec.

Rafting auf dem Fluss Dunajec

Erlebe ein unvergessliches Abenteuer auf dem Fluss Dunajec und durch die atemberaubende Pieniny-Schlucht. Erfahrene Guides steuern das Boot, während man die spektakuläre Natur bewundern und die unberührte Wildnis entdecken kann. Dieses Erlebnis bietet nicht nur Nervenkitzel, sondern auch die Möglichkeit, die Schönheit der Natur hautnah zu genießen.

Nachtwanderung zur Sternwarte Stara Lesna

Entdecke den Nachthimmel bei einer Wanderung zur Sternwarte Stara Lesna und bestaune die Sterne und Planeten durch Teleskope. Erfahrene Astronomen gewähren dir spannende Einblicke in die Astronomie.

UNGARN

Baradla-Höhlen

Erforsche die beeindruckende Schönheit der einzigartigen Kalksteinformationen in Ungarns größter Tropfsteinhöhle im Nationalpark Aggtelek.

Künstlerische Street-Art-Tour in Debrecen

Mach dich auf in die aufstrebende Street-Art-Szene von Debrecen und entdecke die faszinierenden Graffiti und urbanen Kunstwerke, die die Stadt zum Leben erwecken.

Roadtrip fernab von Budapest

Besuche Hollókő und das Cserhát-Gebirge. Dieser Ausflug lässt dich in die Magie Ungarns eintauchen und führt dich zu einigen der verborgenen Schätze des Landes. Hollókő ist ein malerisches, von der UNESCO geschütztes Dorf mit traditioneller Architektur und Folklore. Hier kann man in die reiche Kultur des Landes eintauchen. Das Cserhát-Gebirge ist eine natürliche Oase mit Wanderwegen, die zu entlegenen Orten und atemberaubenden Aussichtspunkten führen. Es ist ein Paradies für Naturliebhaber und bietet die Möglichkeit, die unberührte Natur Ungarns zu erkunden.

Kulinarischer Workshop in Szeged

Lerne die ungarische Küche bei einem Szegediner-Gulasch-Kochkurs kennen. Dabei handelt es sich um eine Variante des berühmten ungarischen Gulaschs, die sich durch die Zugabe von Sauerkraut auszeichnet.

Trekkingtour durch den Nationalpark Hortobágy

Bei einer abwechslungsreichen Trekkingtour kann man die vielfältige Vogel- und Pflanzenwelt des Nationalparks erkunden und in die unberührte Natur eintauchen.

Konzerte in der Tropfsteinhöhle von Fertőrákos

Erlebe zauberhafte unterirdische Konzerte mit außergewöhnlicher Akustik in der einzigartigen Tropfsteinhöhle von Fertőrákos. Künstler verschiedener Genres treten auf und verzaubern das Publikum mit ihren Darbietungen.

Reformierte Kirche in Aggtelek

Besichtige die beeindruckende reformierte Kirche aus dem 13. Jahrhundert in Aggtelek und bewundere den Glockenturm aus dem 18. Jahrhundert.

Besuch der Kurstadt Bardejov

Genieße Geschichte und Entspannung in einem malerischen Kurort, der für seine gut erhaltenen mittelalterlichen Gebäude und heilenden Mineralquellen bekannt ist.

Kultureller Stadtrundgang in Pécs

Entdecke die reiche Kultur und Geschichte von Pécs bei einer kreativen Stadtführung und entdecke die faszinierenden architektonischen Meisterwerke der Stadt.

Fotografisches Abenteuer in der Puszta

Die Schönheit der ungarischen Puszta mit ihren weiten Landschaften, wilden Pferden und charakteristischen Bauernhöfen in außergewöhnlichen Fotografien festhalten.

RUMÄNIEN

Donaudelta

Die unberührte Natur des Donaudeltas erkunden und eine Bootsfahrt durch die verwunschenen Wasserwege unternehmen, um die einzigartige Flora und Fauna zu entdecken.

Bukarest

Lerne die verborgenen Schätze der Stadt kennen und besuche das charmante Viertel Centrul Vechi, bewundere prächtige Gebäude wie den Parlamentspalast und entspanne in historischen Gärten wie dem Cismigiu-Park.

Sonnenaufgang am Schwarzen Meer

Erlebe die magische Stille eines Sonnenaufgangs am wilden Strand von Vadu. Es ist ein idealer Ort, um der Hektik des Alltags zu entfliehen, Vögel am Himmel zu beobachten oder Delfine im Wasser zu sehen. Vergiss deine Kamera nicht, um diesen Moment festzuhalten, um ihn erneut zu erleben.

Salzbergwerk von Turda

Steige hinab in die faszinierende Welt des Salzbergwerks von Turda und entdecke die unterirdischen Salzkathedralen und -seen, die wie eine andere Welt erscheinen.

Fotosafari im Bucegi-Naturpark

Auf einer Fotosafari im Bucegi-Naturpark wird die atemberaubende Schönheit der Karpatenlandschaft in außergewöhnlichen Bildern festgehalten.

Traditionelles Dorfleben in Maramures

Erlebe die herzliche Gastfreundschaft der Einheimischen in den traditionellen Dörfern von Maramures und lass dich von der einzigartigen Architektur der Holzkirchen verzaubern.

Kulinarischer Workshop in Dobrudscha

Tauche ein in die rumänische Küche und nimm an einem kreativen Kochkurs teil, um traditionelle Gerichte wie Sarmale (gefüllte Kohlblätter) oder Mămăligă (Polenta) zuzubereiten. Die Dobrudscha ist für ihre reiche kulinarische Vielfalt durch türkische, bulgarische und rumänische Einflüsse bekannt. Erfahrene Köche bringen dir die Feinheiten der Zubereitung bei und verraten, wie du die Aromen perfekt kombinieren kannst.

Höhlenwanderung im Apuseni-Gebirge

Erkunde die geheimnisvollen Höhlen des Apuseni-Gebirges und entdecke faszinierende Formationen und unterirdische Schätze.

Besuch des weltweit einzigartigen Merry Cemetery in Săpânța

Lass dich von dem Friedhof in Săpânța beeindrucken, wo Grabsteine mit bunten Malereien und humorvollen Epitaphien das Leben der Verstorbenen feiern.

Badeabenteuer im Roten See von Sovata

Genieße ein einzigartiges Badeerlebnis im salzigen und heilenden Wasser des Roten Sees von Sovata, der aufgrund seiner einzigartigen Eigenschaften auch als »Badewanne des Teufels« bekannt ist.

MOLDAU

Kajakfahrt auf dem Dnjestr

Entdecke die malerische Landschaft der Moldau bei einer aufregenden Fahrt auf dem Fluss, vorbei an üppigen Wäldern und historischen Stätten.

Weinverkostung in Cricova

Lerne die faszinierende Welt des moldauischen Weins kennen und erkunde die beeindruckenden unterirdischen Weinkeller von Cricova, die zu den größten der Welt zählen.

Wanderung durch die Felsenkirchen von Orheiul Vechi

Erkunde die einzigartigen Felsenkirchen von Orheiul Vechi und wandere entlang der faszinierenden Schluchten, die einen spannenden Einblick in die Geschichte Moldaus bieten.

Heißluftballonfahrt über die moldauische Landschaft

Eine Heißluftballonfahrt bietet einen atemberaubenden Blick über die moldauische Landschaft und ist ein unvergessliches Erlebnis.

Traditionelles Dorf Butuceni

Im Ökodorf Butuceni lernst du das traditionelle Leben kennen. Echte Ochsenkarren, alte Weinpressen, verfallene Steinhäuser und die unübertroffene Gastfreundschaft der Dorfbewohner erzählen dir mehr über die moldauische Kultur und Bräuche.

Der Festungskomplex von Soroca

Die Festung ist ein herausragendes Beispiel mittelalterlicher Militärarchitektur in Osteuropa und zeugt von der Kunstfertigkeit und dem strategischen Geschick der damaligen Baumeister.

Naturreservat Pădurea Domnească

Entdecke die Artenvielfalt und die landschaftliche Schönheit des Naturreservats, das auch als Fürstlicher Wald bekannt ist.

Töpferkunst in Hâncești

Lass dich von der traditionellen Töpferkunst inspirieren und nimm an einem Workshop in Hâncești teil, um deine eigenen einzigartigen Keramikstücke herzustellen.

Kloster Căpriana

Besuch eines der ältesten und bedeutendsten Klöster des Landes, malerisch in einem dichten Waldgebiet gelegen. Sehenswert sind die wunderschön restaurierten mittelalterlichen Kirchen und die ruhige Atmosphäre, die zum Nachdenken und zur Ruhe einlädt.

Taul Park und das Dorf der Pferde

Das Erholungsgebiet ist bekannt für seine schöne Natur, Ruhe und die Möglichkeit, Pferde zu beobachten und zu reiten. Pferde sind in diesem Dorf nicht nur Tiere, sondern ein wichtiger Teil der rumänischen Kultur und Geschichte. Ob du ein erfahrener Reiter bist oder einfach nur die Ruhe der Natur suchst, für jeden ist etwas dabei.

BULGARIEN

Höhlen von Devetashka

Entdecke eine der größten Höhlen Bulgariens mit spektakulären Öffnungen in der Decke, den sogenannten »Augen«, durch die das Sonnenlicht fällt und bezaubernde Lichtspiele erzeugt.

Belogradchik-Felsen

Viele der Felsformationen haben eigene Namen und sind mit lokalen Legenden und Mythen verbunden. Besucher können Geschichten über Figuren wie den Mönch, die Reiterin oder den Bären hören, die der Landschaft eine mystische Atmosphäre verleihen.

Dorf Kovachevitsa

Schlendere durch die kopfsteingepflasterten Gassen dieses unter Denkmalschutz stehenden Dorfes und fühle dich in die Vergangenheit zurückversetzt.

Rosental

Im Frühling kann man im Rosental den berühmten bulgarischen Rosenölproduzenten bei der Arbeit zusehen. Das bulgarische Rosenöl gilt als eines der besten der Welt und wird von der Parfüm- und Kosmetikindustrie geschätzt.

Altstadt von Plovdiv

Entdecke die bunten Häuser, das antike Theater und die lebendige Künstlerszene dieser historischen Stadt.

Nationalpark Pirin

Erlebe die unberührte Natur, die klaren Bergseen und die vielfältige Tierwelt dieses UNESCO-Weltnaturerbes.

Felskirchen von Ivanovo

Bestaune die beeindruckenden, gut erhaltenen Fresken dieser in den Fels gehauenen Kirchen und Klöster, die zu den bedeutendsten Sammlungen mittelalterlicher Kunst in Bulgarien gehören und biblische Szenen und historische Figuren darstellen.

Tsarevets-Festung in Veliko Tarnovo

Tauche ein in die Geschichte Bulgariens und genieße den Panoramablick von dieser mittelalterlichen Festung auf die Stadt Veliko Tarnovo, den Fluss Jantra und die umliegenden Hügel.

Busludscha-Denkmal

Dieses verlassene Monument auf einem Berggipfel ist ein beeindruckendes Zeugnis der bulgarischen Geschichte. Das Gebäude in Form eines Sterns wurde in den 1970er-Jahren während der kommunistischen Ära in Bulgarien errichtet. Es diente als Ort für politische Versammlungen und Parteifeiern und ist ein Symbol für den Einfluss des Kommunismus in Bulgarien. Dennoch zieht es auch heute noch Besucher an, die sich für die Geschichte und Architektur interessieren.

Heiße Quellen von Sapareva Banya

In den heißesten Thermalquellen Europas kann man sich entspannen und die Seele baumeln lassen.

KROATIEN

Kajakfahrt entlang der Plitvicer Seen

Kajakfahrt durch das UNESCO Weltnaturerbe Plitvicer Seen, um die Schönheit des Nationalparks aus einer einzigartigen Perspektive zu erleben.

Segeltörn zu den Brijuni-Inseln

Segele zu den zauberhaften Brijuni-Inseln und entdecke die unberührte Natur und die reiche Tierwelt dieser paradiesischen Inselgruppe.

Wandern im Velebit-Gebirge

Wage eine anspruchsvolle Wanderung durch den Nationalpark Nord-Velebit und genieße die unberührte Wildnis und atemberaubende Ausblicke. Unterwegs kann man die geologische Vielfalt der Region erleben und unterirdische Welten entdecken, darunter eine der tiefsten Höhlen der Welt.

Amphitheater Pula bei Sonnenuntergang

Erlebe die Geschichte Kroatiens und die antike römische Architektur der Pula Arena bei einem unvergesslichen Sonnenuntergang.

Fischerdorf Brela

Das Dorf ist ein kleines Juwel an der dalmatinischen Küste und berühmt für seine herrlichen Kieselstrände, insbesondere den Strand Punta Rata, der oft als einer der schönsten Strände der Welt bezeichnet wird.

Game of Thrones Tour in Dubrovnik

Tauche ein in die Welt von Game of Thrones und besuche die Drehorte der beliebten Serie, wie die Festung Lovrijenac, die in der Serie als »Rote Burg« bekannt ist, die Altstadt von Dubrovnik, die als Drehort für Königsmund diente, und die Stadtmauern mit ihren atemberaubenden Ausblicken.

Töpferkurs in Istrien

Lass deiner Kreativität bei einem Töpferkurs in Istrien freien Lauf und stelle deine eigenen Keramikunikate her – ein schönes Urlaubssouvenir.

Mystische Erkundung der Höhle Modrič

Entdecke dieses versteckte Naturwunder in der Nähe von Zadar, wo du durch enge Gänge kriechen und in eine Welt voller beeindruckender Stalaktiten und Stalagmiten eintauchen kannst.

Radtour entlang der dalmatinischen Küste

Erkunde die malerische dalmatinische Küste auf einer Radtour und entdecke versteckte Buchten und charmante Küstenorte, wie Makarska, Trogir oder Primosten. Diese Orte bieten Naturschönheiten, historische Altstädte und Märkte. Der Radweg führt durch üppige mediterrane Landschaften und bietet spektakuläre Ausblicke auf die azurblaue Adria.

Wildwasser-Rafting auf dem Fluss Cetina

Der Fluss Cetina fließt durch beeindruckende Schluchten und bietet eine traumhafte Landschaft mit klarem, grünem Wasser, umgeben von dichten Wäldern und steilen Felswänden.

SERBIEN

Mystische Drachenhöhlen von Resava

Bestaune die natürliche Kunst der Kalksteinformationen in der 1962 entdeckten Höhle, die etwa 80 Millionen Jahre alt ist und in der Fossilien aus der Zeit vor 45 Millionen Jahren gefunden wurden.

Nationalpark Tara

Entdecke die unberührte Natur des Tara-Gebirges, bekannt für seine vielfältige Flora und Fauna, tiefe Schluchten, kristallklare Seen und atemberaubende Aussichtspunkte.

Töpferworkshop in Zlakusa

Lass deiner Kreativität freien Lauf und nimm an einem traditionellen Workshop in Zlakusa teil, um einzigartige Keramikstücke zu gestalten und die Kunst des Töpferns zu erlernen.

Übernachtung in einem authentischen Bauernhaus in Rajac

Lass dich in die serbische Dorfkultur entführen und übernachte in einem charmanten Bauernhaus in Rajac, um die herzliche Gastfreundschaft und die lokale Küche zu genießen.

Serbische Folklore in Guča

Besuche das berühmte Trompetenfestival in Guča und tauche ein in lebendige serbische Volkstraditionen, begleitet von mitreißender Musik und traditionellen Tänzen.

Klöster der Fruška Gora

Im Nationalpark Fruška liegen mehrere serbisch-orthodoxe Klöster, die zum Teil aus dem 15. und 16. Jahrhundert stammen und wertvolle kunsthistorische Schätze beherbergen. Einige der bekanntesten Klöster wie das Kloster Krusedol, das Kloster Novo Hopovo und das Kloster Grgeteg sind für ihre gut erhaltenen Fresken und Ikonen berühmt. Ein weiteres beeindruckendes Kloster ist das Kloster Petkovica, das für seine malerische Lage am Ufer der Donau bekannt ist.

Klettern im Bovan-Karst

Erlebe den Adrenalinkick beim Klettern im faszinierenden Bovan-Karst mit seinen spektakulären Kalksteinformationen, die ideale Bedingungen für Kletterer aller Schwierigkeitsgrade bieten.

Heiße Quellen von Sokobanja

Entspanne in den natürlichen heißen Quellen von Sokobanja und lass dich von den heilenden Eigenschaften des mineralhaltigen Wassers verwöhnen.

Tauchen im Donaudelta

Entdecke die faszinierende Unterwasserwelt des Donaudeltas mit einer Vielzahl von Pflanzen und Tieren in diesem einzigartigen Ökosystem.

Serbische Kaffeekultur in Skadarlija

Besuche das Belgrader Künstlerviertel Skadarlija und erlebe die authentische serbische Kaffeekultur in den traditionellen Kafanas.

BOSNIEN UND HERZEGOWINA

Das versteckte Herz von Travnik

Lass dich in die Geschichte und Kultur von Travnik entführen und besuche das bezaubernde Schloss von Travnik sowie die mittelalterliche Altstadt, um die Spuren vergangener Epochen zu entdecken.

Wildwasser-Rafting auf der Una

Erlebe den besonderen Nervenkitzel beim Wildwasser-Rafting auf dem wilden Fluss Una und genieße die atemberaubende Landschaft der unberührten Natur.

Mostar

Entdecke die bezaubernde Stadt Mostar und ihre berühmte Altstadt, besuche die Brücke Stari Most und lass dich von der faszinierenden osmanischen Kultur beeindrucken.

Wandern im Nationalpark Sutjeska

Erkunde den ältesten Nationalpark Bosnien und Herzegowinas und wandere durch malerische Blumenwiesen, vorbei an klaren Seen und majestätischen Gipfeln.

Stolac

Besuche das historische Städtchen und entdecke die Ruinen und Denkmäler aus osmanischer und byzantinischer Zeit. Besonders sehenswert sind die gut erhaltenen osmanischen Steinhäuser und die Festung Vidoski, die einen atemberaubenden Blick über die Stadt und die Umgebung bietet.

Zauber der Buna-Quelle (Vrelo Bune)

Eine der größten und schönsten Quellen Europas in der Nähe der Stadt Blagaj. Direkt an der Quelle befindet sich das historische Derwischhaus (Tekija), das im 16. Jahrhundert erbaut wurde und eine einzigartige Mischung aus osmanischer Architektur und mediterranem Ambiente bietet.

Bosnischer Pyramidenpark oder Pyramiden von Visoko

Die Diskussion um die Natur der Formationen – ob es sich um künstliche Pyramiden oder natürliche Hügel handelt – hat eine geheimnisvolle Aura geschaffen. Besucher können die beeindruckenden Strukturen erkunden und in die spannende Forschung und Entstehungsgeschichte der Pyramiden einsteigen.

Kravica-Wasserfälle

Genieße eine erholsame Pause an den idyllischen Kravica-Wasserfällen und lass dich von der Schönheit der Natur verzaubern.

Kulinarische Reise durch Bosnien und Herzegowina

Tauche ein in die kulinarische Vielfalt des Landes und probiere traditionelle Gerichte wie Cevapi, Burek und Baklava.

Bosnische Kaffeehauskunstperformance

Lerne die traditionelle Kultur des Kaffeetrinkens kennen. In den gemütlichen Kaffeehäusern kann man nicht nur köstlichen aromatischen Kaffee genießen, sondern dabei auch mitreißende Livemusik und Geschichtenerzähler erleben.

MONTENEGRO

Geheimnisvolle Tara-Schlucht

Begebe dich in die atemberaubende Tara-Schlucht und erlebe ein aufregendes Abenteuer beim Wildwasser-Rafting inmitten einer spektakulären Naturkulisse.

Perast

Entdecke die bezaubernde Stadt Perast mit ihren zahlreichen Kirchen und Palästen und unternimm einen Ausflug zu den idyllischen Inseln St. Georg und Unsere Liebe Frau von den Felsen.

Nationalpark Durmitor

Wandere durch die abwechslungsreiche Landschaft des UNESCO-Weltnaturerbes Nationalpark Durmitor: beeindruckende Gebirgsformationen, tiefe Schluchten, klare Gletscherseen und ausgedehnte Wälder.

Kultur in Kotor

Erlebe die reiche Geschichte von Kotor und erkunde den gut erhaltenen mittelalterlichen Stadtkern mit seiner imposanten Stadtmauer.

Museum des Schriftstellers Petar II. Petrović-Njegoš

Lass dich in die montenegrinische Literatur entführen und besuche das Museum des berühmten Schriftstellers in seiner letzten Ruhestätte, seinem Mausoleum auf dem Berg Lovćen.

Biogradska Gora

Wandere durch den Nationalpark Biogradska Gora und bestaune einen der drei letzten Urwälder Europas, ein seltenes Ökosystem, das seit Jahrhunderten nahezu unberührt geblieben ist.

Sonnenuntergang in Sveti Stefan

Beobachte, wie die Sonne im Meer versinkt, während du die Meeresbrise und das sanfte Rauschen der Wellen genießt, mit Blick auf die Adriaküste und die ikonische inselartige Halbinsel, die im Abendlicht besonders malerisch aussieht.

Übernachtung im traditionellen Bergdorf

Verbringe eine Nacht in Kolašin, umgeben von der majestätischen Natur des Bjelasica-Gebirges, und erlebe die herzliche Gastfreundschaft und die authentischen Bräuche der Einheimischen hautnah.

Die geheimen Buchten von Luštica

Miete ein Kajak und paddle entlang der unberührten Küste von Luštica, um versteckte Buchten und Strände zu entdecken.

Unterirdisches Dorf

Besuche die faszinierende unterirdische Höhle »Lipska Cave« und genieße ein einzigartiges Erlebnis in den beeindruckenden Höhlen Montenegros. In den Gängen und Kammern der Höhle kann man die einzigartigen geologischen Formationen bewundern, die im Laufe der Jahrhunderte entstanden sind.

NORDMAZEDONIEN

High Scardus Trail

Wandere durch die Berge Nordmazedoniens auf dem Fernwanderweg, der in 20 Tagesetappen durch die atemberaubenden Bergketten im Westen des Landes bis zum Gipfel des Korab, dem höchsten Berg des Westbalkans, führt.

Magische Schönheit des Ohridsees

Lass dich von der natürlichen Schönheit des zweitgrößten Sees der Balkanhalbinsel und eines der ältesten der Welt verzaubern und genieße Aktivitäten wie Bootsfahrten, Kajakfahren oder Entspannung am Ufer.

Skopje

Entdecke die faszinierende Hauptstadt Nordmazedoniens mit ihrer beeindruckenden Architektur, den zahlreichen Denkmälern und Brücken sowie den farbenfrohen Basaren.

Wanderung durch die Mavrovo-Schlucht

Als einer der größten Nationalparks Nordmazedoniens bietet die Mavrovo-Schlucht Zugang zu einem Schutzgebiet mit reicher Biodiversität und zahlreichen endemischen Arten.

Charmante Stadt Bitola

Bummel durch die Straßen von Bitola und entdecke die besondere Atmosphäre dieser Stadt, die von ihrer bewegten und turbulenten Geschichte geprägt ist.

Archäologisches Museum von Mazedonien, Skopje

Besucherinnen und Besucher können hier faszinierende Exponate aus verschiedenen Epochen entdecken, darunter prähistorische Funde, römische Artefakte, byzantinische Ikonen und Objekte aus osmanischer Zeit.

Kloster St. Jovan Bigorski

Entdecke die spirituelle Seite Nordmazedoniens und besuche das beeindruckende Kloster St. Jovan Bigorski, das in einer malerischen Berglandschaft liegt.

Kultur in Ohrid

Besuche das Ohrider Sommerfestival und genieße kulturelle Darbietungen, Konzerte und Theateraufführungen vor der historischen Kulisse dieser UNESCO-Weltkulturerbestätte.

Die Megalithen von Kokino

Besichtige die geheimnisvollen Megalithen, eine der ältesten Sternenbeobachtungsstätten der Welt, und erlebe eine spektakuläre Nacht. Die Megalithen wurden vor mehr als 3800 Jahren von Menschen der Bronzezeit errichtet. Die Anlage bietet eine einzigartige Gelegenheit für nächtliche Himmelsbeobachtungen und Astrofotografie.

Die antike Stadt Herakleia

Reise zurück in die Geschichte und besuche die Ruinen von Herakleia aus dem 4. Jahrhundert v. Chr. Die Stadt wurde von Philipp II. von Makedonien erbaut, später von den Römern erobert und diente als wichtige Station entlang der Via Egnatia.

ALBANIEN

Wanderung von Theth nach Valbona in den Albanischen Alpen

Die Wanderung führt durch einige der spektakulärsten Berglandschaften Europas mit schroffen Gipfeln, tiefen Tälern und kristallklaren Flüssen.

Die geheimnisvollen Blue Eye Quellen in Theth

Tauche in das klare, türkisfarbene Wasser, das aus den Tiefen einer über 50 Meter tiefen Karstquelle sprudelt, und erlebe ein erfrischendes Naturphänomen inmitten einer malerischen Bergkulisse.

UNESCO-Weltkulturerbe Gjirokastër

Lass dich in die Geschichte entführen und erkunde die gut erhaltene Altstadt von Gjirokastër, die für ihre traditionellen Steinhäuser und ihre reiche Kultur bekannt ist.

Strände der Albanischen Riviera

Genieße entspannte Tage an den weißen Sandstränden der Albanischen Riviera wie Dhërmi, Himarë und Sarandë und bade im klaren Wasser der Adria.

Ruinen von Butrint

Erlebe die außergewöhnliche Archäologie der Ruinen und entdecke zahlreiche antike Bauwerke wie ein griechisches Theater, römische Bäder, byzantinische Kirchen und mittelalterliche Festungen.

Die Höhlen von Butrint

Begib dich auf eine faszinierende Reise durch die antiken Höhlen und entdecke das historische Erbe dieses UNESCO-Weltkulturerbes. Ein Highlight ist der gut erhaltene römische Aquädukt, der durch die Höhlen führt.

UNESCO-Weltkulturerbe Berat

Besichtige die »Stadt der tausend Fenster« und erlebe die faszinierende Architektur und Geschichte der Altstadt von Berat. Die beeindruckende Stadtarchitektur besteht aus engen Gassen, historischen Häusern und zahlreichen Kirchen, von denen einige gut erhaltene Fresken aus dem Mittelalter aufweisen.

Bootsfahrt auf dem Koman-Stausee

Entdecke während der Fahrt kleine Dörfer, die nur per Boot erreichbar sind, und gewinne einen einzigartigen Einblick in den Alltag der Einheimischen in dieser abgelegenen Region.

Bunk'Art-Museen in Tirana

Eine Reise in die Geschichte Albaniens bietet ein Besuch der unterirdischen Bunkeranlagen, die während des Kalten Krieges errichtet wurden und heute als Gedenkstätten dienen.

Dorf Gjirokastër

Besuche das malerische Dorf, das für seine gut erhaltene osmanische Architektur und seine imposante Burg berühmt ist, die majestätisch über dem Fluss St. Gjirokastër thront.

Naher Osten

ISRAEL

Unter den Sternen in der Wüste Negev

Übernachte in einem traditionellen Beduinenzelt und erlebe die beeindruckende Stille und Schönheit der Wüste Negev bei einem nächtlichen Blick in den klaren Sternenhimmel.

Unterwasserwelt des Roten Meeres in Eilat

Tauche ein in die farbenprächtigen Korallenriffe und die faszinierende Artenvielfalt des Roten Meeres bei einem Schnorchel- oder Tauchabenteuer.

Unterirdische Stadt von Beit Guvrin

Erforsche die einzigartigen Kalksteinhöhlen und Tunnel von Beit Guvrin, einer antiken Stätte, die von der UNESCO zum Weltkulturerbe erklärt wurde.

Die Stille des Toten Meeres bei Sonnenaufgang

Mache dich auf den Weg zum Toten Meer und beobachte den spektakulären Sonnenaufgang über den Salzformationen, während du in dem berühmten mineralreichen Wasser treibst.

Traditionelles Beduinenessen in der Wüste

Erlebe die Beduinenkultur und ihre Gastfreundschaft bei einem traditionellen Abendessen mit Gerichten, die nach jahrhundertealten Rezepten zubereitet werden, wie z. B. langsam gegartes Lamm im Erdofen.

Festung Masada

Beginne den Tag mit einer atemberaubenden Wanderung auf den Gipfel von Masada und genieße den atemberaubenden Ausblick auf die umliegende Landschaft. Sie liegt auf einem Plateau in der Wüste und war einst eine Festung, die von jüdischen Rebellen gegen die Römer verteidigt wurde.

Künstlerkolonie En Hod

Besuche das malerische, von Künstlern gegründete Dorf En Hod und genieße die lebendige Kunstszene, die charmante Architektur und die Aussicht auf das Mittelmeer.

Jerusalems unterirdische Gewölbe

Erkunde die geheimnisvollen unterirdischen Tunnel und Gewölbe der Altstadt, die eine faszinierende Geschichte und Architektur bieten.Ein bemerkenswertes Beispiel ist die Zedekia-Höhle, eine große Höhle östlich des Damaskustores unter den Häusern der Altstadt. Sie wurde seit der Zeit des Ersten Tempels als Steinbruch genutzt.

Kulinarische Reise durch den Machane Yehuda Markt, Jerusalem

Tauche ein in die lebendige Atmosphäre des Marktes und probiere lokale Köstlichkeiten und kulinarische Spezialitäten.

Buntes Treiben auf dem Carmel-Markt, Tel Aviv

Schlendere durch diesen pulsierenden Ort, an dem man das geschäftige Treiben der Stadt spürt. Er ist ein Schmelztiegel der Kulturen und sozialen Interaktionen.

BAHRAIN

Bahrain Grand Prix

Erlebe die Faszination eines Formel-1-Rennens hautnah und verfolge die spannenden Rennen auf dem Bahrain International Circuit in Sakhir.

Faszinierende Unterwasserwelt

Tauche zum berühmten Schiffswrack MV Caisson vor der Küste Bahrains und bestaune die Unterwasserwelt, die sich rund um die Ruhestätte des Schiffes mit schillernden Fischschwärmen und Korallenformationen entwickelt hat.

Geheimnisvoller Baum des Lebens (Shajarat-al-Hayat)

Besuche den beeindruckenden »Tree of Life«, einen Mesquite-Baum der Art Prosopis cineraria (Khejri-Baum) mitten in der Wüste, der angeblich seit über 400 Jahren ohne erkennbare Wasserquelle überlebt.

Souq-Shopping

Schlendere durch die traditionellen Souqs von Bahrain und entdecke eine Vielfalt an exotischen Gewürzen, Kunsthandwerk und Souvenirs.

Privatstrand der Al Dar Islands

Genieße einen entspannten Tag am Privatstrand der Al Dar Islands und erlebe Ruhe und Abgeschiedenheit abseits des Trubels.

Dschabal ad-Duchan

Wanderung auf den mit 135 Metern höchsten Berg Bahrains, der wegen der häufig auftretenden Nebelschwaden auch »rauchender Berg« genannt wird. Trotz seiner geringen Höhe bietet der Berg eine beeindruckende Naturlandschaft in einem ansonsten flachen und urbanisierten Land.

Bahrain National Museum

Erlebe das reiche kulturelle Erbe Bahrains, von der antiken Dilmun-Zivilisation bis zur Moderne. Die Architektur des Museums selbst ist bemerkenswert, mit modernen und traditionellen Designelementen, die die Identität des Landes widerspiegeln.

Die Gärten von Riffa

Diese grünen Oasen bieten Erholung vom Stadtleben und sind ideale Orte für Spaziergänge, Picknicks und Familienausflüge. Die gepflegten Gärten zeigen die Vielfalt der bahrainischen Flora.

Traditionelles Kamelrennen

Besuche ein Kamelrennen und tauche ein in die faszinierende Kultur und Tradition des Landes. Diese Rennen finden in der Regel in den Wintermonaten statt, und man kann die Kamele hautnah erleben.

Bahrain-Frühstück

Beginne den Tag mit einem traditionellen Bahrain-Frühstück, bestehend aus köstlichen lokalen Spezialitäten wie Machboos und Harees.

KATAR

Kultur im Souq Waqif, Doha

Der historische Souq Waqif ist eine lebendige Mischung aus traditionellen Märkten, Kunsthandwerk und kulinarischen Köstlichkeiten.

Khor Al Adaid Wüste

Besuche das beeindruckende »Meer im Sand« und unternehme eine aufregende Dünensafari in der atemberaubenden Khor Al Adaid Wüste.

Zubarah Fort

Erkunde das alte Zubarah Fort, das im späten 18. Jahrhundert erbaut wurde und einen Einblick in die historische Bedeutung des Ortes als Handels- und Perlentauchzentrum in der Golfregion bietet, während du die atemberaubende Aussicht auf die Umgebung genießt.

Entspannung in einem luxuriösen Spa

Genieße eine königliche Behandlung in einem der exklusiven Spas in Katar, wie dem Spa im Intercontinental oder dem größten Sisley Spa der Welt.

Inland Sea (Khor Al Adaid)

Einer der wenigen Orte auf der Welt, wo das Meer tief in die Wüste eindringt und ein einzigartiges Ökosystem zwischen Wasser und Sanddünen schafft. Einzigartiges Naturphänomen und beliebtes Ziel für Wüstensafaris.

Museum of Islamic Art (MIA), Doha

Entdecke die faszinierende und weltweit größte Sammlung islamischer Kunst und bestaune die beeindruckende Architektur des Stararchitekten I. M. Pei.

Traditionelles Wüstencamp

Verbringe eine unvergessliche Nacht in einem traditionellen Beduinencamp in der Wüste und erlebe die einzigartige Kultur und Gastfreundschaft der Wüstenbewohner.

Al Khor Island

Mache eine Bootsfahrt zu der malerischen Al Khor Island, auch bekannt als die Purple Island, und genieße die ruhige Natur und das türkisblaue Wasser.

Katara Cultural Village, Doha

Erlebe traditionelle Musik, Tanz und Kunst aus verschiedenen Kulturen. Die Anlage verbindet traditionelle und moderne arabische Architektur und schafft so eine faszinierende Atmosphäre, die die reiche Geschichte und die zeitgenössische Dynamik des Landes widerspiegelt.

Kunstinstallation East-West/West-East

Besuche die beeindruckende Kunstinstallation von Richard Serra, die vier gigantische Stahlplatten in der Wüste von Brouq zusammenbringt. Die Stahlplatten mit einer Höhe von jeweils 14 Metern erstrecken sich über eine Länge von mehr als einem Kilometer. Sie stehen in starkem Kontrast zu den hellbraunen Tönen der umgebenden Wüste und sind Ausdruck der Isolation und der Vergänglichkeit der Zeit.

KUWAIT

Das Haus der Spiegel, Kuwait City

Ein Privathaus, das vollständig mit Spiegelmosaiken der Künstlerin Lidia Al-Qattan bedeckt ist. Es ist weltweit einzigartig und kann nur nach Voranmeldung besichtigt werden.

Failaka Island

Entdecke die gespenstischen Ruinen einer Insel, auf der tausend Jahre lang eine blühende Zivilisation existierte. Die Insel war einst ein wichtiger Handelsposten und bietet heute archäologische Stätten, die die Geschichte des Landes von der Bronzezeit bis zur griechisch-hellenistischen Epoche erzählen.

Kuwait Water Towers

Bewundere das einzigartige Design der futuristischen Wassertürme in Kuwait City, die an eine retro-futuristische Stadtsilhouette erinnern.

Die Welt der islamischen Kalligraphie

Besuche das Tareq Rajab Museum für islamische Kalligraphie und bewundere eine private Sammlung von über 30000 antiken und modernen Artefakten.

Al-Qurain Martyrs Museum

Erfahre in diesem Museum mehr über die bewegende Geschichte Kuwaits und den Widerstand während der irakischen Invasion.

Al Kout Beach

Für diejenigen, die die Küste genießen möchten, bietet dieser Strand eine entspannende Umgebung mit Blick auf das Arabische Meer.

Souq Al-Mubarakiya, Kuwait City

Erlebe das authentische Flair des Marktes, der auch nach dem Ölboom seinen historischen Charme bewahrt hat. Der Souq besteht seit über 200 Jahren und bietet eine Vielzahl von Geschäften, die Gewürze, Kunsthandwerk, Antiquitäten und lokale Köstlichkeiten verkaufen. Die engen Gassen und die traditionelle Architektur vermitteln ein Gefühl der Vergangenheit.

Große Moschee (Grand Mosque), Kuwait City

Bestaune die Pracht der größten der vielen Moscheen der Stadt, die trotz der irakischen Invasion unversehrt blieb und Besuchern aller Glaubensrichtungen offen steht, um die prachtvolle Innenausstattung zu bewundern.

Kuwait Wissenschaftszentrum

In einem futuristischen, segelförmigen Bau taucht man in eines der größten Aquarien des Nahen Ostens ein. Es beherbergt eine vielfältige Sammlung von Meereslebewesen aus dem Golf und anderen Weltmeeren.

Filmreife Escape Game Challenge

Stelle dich den Herausforderungen eines Escape Game in Kuwait und tauche ein in spannende und knifflige Szenarien.

OMAN

Wadi Bani Khalid

Tauche ein in die kristallklaren Wasserbecken und fließe mit dem Strom durch idyllische Oasen, eingebettet in dramatische Berghänge und sanfte Sanddünen.

Festung von Nizwa

Beeindruckend ist die imposante Architektur, die diese Festung zur wichtigsten Verteidigungsanlage des Oman machte. Mit ihrem riesigen Rundturm und den historischen Ausstellungen gilt sie als lebendiges Museum der omanischen Kultur.

Bergdorf Misfat al Abriyyin

Erfahre mehr über die traditionelle omanische Kultur und erkunde die engen Gassen und uralten Lehmhäuser, die sich terrassenförmig an die Berghänge schmiegen.

Jebel Shams

Wandere auf den »Berg der Sonne«, den höchsten Berg des Oman, und genieße spektakuläre Panoramablicke über das Hadschar-Gebirge, insbesondere auf den »Grand Canyon« des Omans, das Wadi Ghul.

Übernachtung in einem Beduinenzelt

Spüre den Zauber des Sternenhimmels in der Wüste und tauche ein in die Lebensweise der Beduinen, die seit Jahrhunderten die Wüsten des Nahen Ostens bewohnen.

Souks von Nizwa

Die ehemalige Hauptstadt des Oman und ihr Souq haben eine lange Geschichte, die bis ins 6. Jahrhundert zurückreicht. Ein Bummel durch die Souks ist wie eine Reise durch die Zeit: Es gibt einen Lebensmittelmarkt, Silberschmuck, Antiquitäten, handgewebte Textilien und traditionelle Keramik.

Weiße Sandstrände von Sur

Genieße die Strände und erkunde das Fischerdorf Sur, berühmt für seine Dhau-Werften, in denen noch heute die traditionellen omanischen Holzschiffe von Hand gebaut werden – ein einzigartiges Kulturerbe.

Wanderung durch das Wadi Shab

Erlebe ein beeindruckendes Tal mit hohen Felswänden und einer Reihe natürlicher Pools mit klarem, frischem Wasser, ideal zum Schwimmen.

Bimmah Sinkhole (Hawiyyat Nadschm)

Entdecke dieses Naturphänomen, einen spektakulären natürlichen Trichter aus Kalkstein. Im Inneren des Kraters sammelt sich azurblaues Wasser.

Historische Hauptstadt Mascat

Einblicke in die reiche Kultur und Geschichte Omans und faszinierende Sehenswürdigkeiten der Hauptstadt. Besuche den Sultanspalast Al Alam, die große Moschee Sultan Qabus und das Royal Opera House. Interessanterweise ist Mascat eine der ältesten Städte des Nahen Ostens, deren Geschichte bis in die Antike zurückreicht.

VEREINIGTE ARABISCHE EMIRATE

Übernachten in einer luxuriösen Wüstenoase

Erlebe den Zauber der Wüste hautnah und verbringe eine Nacht in einem luxuriösen Wüstencamp, umgeben von Sanddünen und einem atemberaubenden Sternenhimmel.

Faszinierende Unterwasserwelt

Beim Schnorcheln vor der Küste Fujairahs kannst du die lebendigen Korallenriffe und das reiche Meeresleben bewundern.

Ras Al Khaimah

Die malerischen Dörfer, grünen Oasen und die historische Altstadt von Ras Al Khaimah zeigen die ursprüngliche Seite dieses Emirats, das immer noch als Geheimtipp gilt.

Abu Dhabi Dhau-Kreuzfahrt

Genieße eine romantische Dhau-Kreuzfahrt in einem traditionellen, kunstvoll gestalteten Boot auf dem Persischen Golf und bestaune die Skyline von Abu Dhabi bei Sonnenuntergang.

Sandboarding in Sharjah

Spüre den Nervenkitzel des Sandboardings bei rasanten Abfahrten über die steilen Sanddünen und erlebe einen unvergesslichen Tag voller Abenteuer.

Al Ain

Die grüne Oase Al Ain beherbergt mehrere UNESCO-Weltkulturerbestätten, darunter den prähistorischen Siedlungshügel Hafit, die Hili-Ausgrabungsstätten mit ihren antiken Gräbern und die Oasengebiete mit ihrem traditionellen Aflaj-Bewässerungssystem.

Foodie-Tour in Dubai

Lass dich in den quirligen Souqs von der Vielfalt der Aromen verzaubern und genieße emiratische Köstlichkeiten wie Al Harees und Shawarma. Besuche anschließend trendige Cafés und probiere innovative Fusion-Gerichte, die die moderne Seite Dubais widerspiegeln.

Übernachtung auf einem schwimmenden Hotel in Dubai

Erlebe das einzigartige Gefühl, in einem schwimmenden Hotel auf dem Persischen Golf zu übernachten, und genieße die besondere Atmosphäre.

Jeep-Safari im Hadschar-Gebirge

Entdecke eine der spektakulärsten Landschaften der VAE mit zerklüfteten Felsen und steilen Schluchten und erlebe eine aufregende Jeep-Safari durch die majestätische Natur.

Sharjahs künstlerische Seite

Besuche Sharjahs kreatives Kulturviertel und tauche in die lebendige Kunstszene ein. Sharjah ist stolz darauf, Kunst und Kultur zu fördern, und organisiert regelmäßig kulturelle Veranstaltungen, Festivals und Ausstellungen zeitgenössischer und traditioneller Kunst.

Zentralasien und Südostasien

KASACHSTAN

Kaindysee

Dieser See ist bekannt für seine versunkenen Bäume, die wie Geister aus dem türkisblauen Bergsee ragen. Ein einzigartiges und faszinierendes Naturschauspiel.

Wilde Apfelwälder

Sowohl Granny Smiths als auch Fujis stammen aus Kasachstan, wo Äpfel noch wild wachsen. Die Ursprünge dieser alltäglichen Frucht in den Bergen des Tian Shan im Südosten Kasachstans zu erkunden ist ein erstaunliches Erlebnis.

Baikonur Cosmodrome

Entdecke den ältesten und größten Weltraumbahnhof der Welt, der einst ein geheimes Raketentestgelände war. Zahlreiche historische Weltraummissionen, darunter der erste Mensch im All, Juri Gagarin, starteten von hier aus.

Großer Almaty-See

Genieße ein Picknick an diesem türkisblauen See inmitten der majestätischen Berge des Transili-Alatau-Gebirges, nur 15 Kilometer südlich von Almaty, der größten Stadt Kasachstans, und ein perfektes Ziel für Tagesausflüge.

Geisterstadt Bayzhansay

Eine verlassene sowjetische Bergbaustadt in den Bergen Südkasachstans. Ein faszinierender Ort, um die Geschichte des Landes zu erkunden.

Issyk-See

Dieser wunderschöne See wurde auf natürliche Weise aufgestaut, dann auf natürliche Weise zerstört und schließlich auf unnatürliche Weise gerettet. Heute ist der See für sein türkisblaues Wasser und seine idyllische Umgebung bekannt.

Tal der Kugeln

Fotografiere die fast surreale Szenerie, die durch die Kombination der bizarren Kugelform der Steine und der umgebenden Landschaft in der Halbwüste Westkasachstans entsteht.

Charyn Schlucht

Oft als »Grand Canyon« Kasachstans bezeichnet, bietet diese Schlucht atemberaubende Aussichten und Wandermöglichkeiten. Sie erstreckt sich über etwa 80 Kilometer und ist bekannt für ihre roten Felsformationen und steilen Schluchten. Interessant ist, dass die Charyn Schlucht einzigartige geologische Formationen aufweist, die über Millionen von Jahren durch Erosion entstanden sind.

Zelionyj Bazaar in Almaty

Probiere traditionelle kasachische Gerichte wie Kurt: ein typischer kasachischer Snack, der aus harten, salzigen Käsebällchen besteht.

Aralsee

Einst ein blühender See, ist der Aralsee heute ein Symbol für Umweltkatastrophen. Rostende Schiffe in der Wüste, wo einst ein Meer war, sind ein beeindruckender Anblick.

USBEKISTAN

Shahi-Zinda Nekropole in Samarkand

Entdecke die Entwicklung der islamischen Architektur in der Region im Laufe der Jahrhunderte. Jedes Mausoleum erzählt seine eigene Geschichte über die Menschen, die dort begraben sind, darunter viele bedeutende Persönlichkeiten.

Ulugh Beg Observatorium

Lass dich von der Geschichte dieses antiken islamischen Observatoriums in Samarkand faszinieren. Erbaut im frühen 15. Jahrhundert von Ulugh Beg, einem Astronomen und Herrscher, war es eines der fortschrittlichsten astronomischen Observatorien seiner Zeit.

Die Mauern von Itschan-Kala in Chiwa

Erlebe die Geschichte entlang dieser alten Mauern, die einst eine wichtige Station auf der Seidenstraße umgaben.

Seidenherstellung in Margilan

Besuche eine traditionelle Seidenfabrik in Margilan und erlebe den faszinierenden Prozess der Seidenherstellung aus nächster Nähe.

Basarbesuch in Taschkent

Erlebe das bunte Treiben auf einem der traditionellen Basare in Taschkent und probiere lokale Spezialitäten.

Die »50 Festungen« von Elliq-Qala

Diese Sammlung antiker Festungsruinen in der Wüste Kyzylkum wurde in der antiken Oase Khwarezm ausgegraben und biete einen Einblick in die antike Architektur und Geschichte Zentralasiens.

Khan-Palast in Kokand

Dieser Palastkomplex war die letzte Residenz des 29. und letzten Herrschers von Kokand. Dieser beeindruckende Palastkomplex ist ein herausragendes Beispiel für die zentralasiatische Architektur des 19. Jahrhunderts. Er verfügt über kunstvolle Verzierungen, farbenfrohe Mosaike und prächtige Innenhöfe. Die historischen Säle, die königlichen Gemächer und die Geschichte des Palastes können besichtigt werden.

Kalyan-Minarett in Buchara

Dieser »Turm des Todes« diente als Observatorium, religiöses Zentrum und Henkersturm und ist eines der ältesten Bauwerke der Stadt. Er hat viele historische Ereignisse überlebt, einschließlich der Mongoleninvasion.

Moynaq im Muynak-Distrikt

Diese einst blühende Fischereistadt liegt heute mehr als 90 Meilen vom Ufer entfernt und bietet einen einzigartigen Einblick in die Auswirkungen des Klimawandels.

Keramikwerkstätten in Gijduvan

Ein Besuch der berühmten Keramikwerkstätten in Gijduvan bietet einen Einblick in das Handwerk und die Kunst der usbekischen Keramikherstellung.

TURKMENISTAN

Tore zur Hölle (Gates of Hell)

Besuche den Darvaza-Gaskrater in der Karakum-Wüste, der seit 1971 brennt, und erlebe dieses einzigartige Phänomen, das entstand, als Wissenschaftler ein Erdgasfeld anzündeten, um giftige Gase zu verbrennen.

Köw Ata Untergrundsee

Schwimme in einem unterirdischen See in einer Höhle mit natürlichem warmen Wasser. Dieser Badesee beherbergt die größte bekannte Fledermauskolonie Zentralasiens.

Antike Oase Merv

Diese berühmte Oase an der Seidenstraße war einst eine der größten Städte der Welt. Ihre Geschichte reicht über 2500 Jahre zurück, von der Achämeniden-Dynastie über Alexander den Großen bis zur islamischen Zeit.

Friedhof von Nokhur

Der Friedhof ist bekannt für seine ungewöhnlichen Grabsteine, die oft mit Ziegenhörnern verziert sind. Diese Hörner, die Schutz und Stärke symbolisieren, verleihen dem Friedhof ein mystisches und einzigartiges Aussehen.

Yangykala Canyon

Wandere durch die spektakulären Felsformationen und die leuchtenden Farben der Steilwände, die in verschiedenen Rottönen, Weiß, Gelb und Rosa schimmern.

Turkmenbashi's Land of Fairy Tales

Dieser Themenpark in Aschgabat, inspiriert von turkmenischen Legenden und Märchen, bietet eine Mischung aus traditionellen Geschichten und modernen Attraktionen, darunter bunte Skulpturen und Bauwerke, die die reiche Kultur und Folklore Turkmenistans widerspiegeln.

Wandern auf dem Walk of Health

Dieser harte Bergpfad wurde als Versuch gebaut, die Gesundheit der turkmenischen Bevölkerung zu verbessern.

Turkmenistan Independence Monument in Aşgabat

Besichtige das beeindruckende Unabhängigkeitsdenkmal in Aşgabat, ein Symbol der turkmenischen Souveränität. Dieses monumentale Bauwerk besticht durch seine einzigartige Architektur und bietet eine Panoramaaussichtsplattform, von der aus du einen spektakulären Blick über die Stadt hast.

Ruinen von Dekhistan

Erkunde die historischen Ruinen von Dekhistan, einer antiken Stadt, die ein bedeutendes Handelszentrum entlang der Seidenstraße war. Diese Stätte gewährt Einblicke in die florierende Epoche, in der Karawanen wertvolle Güter wie Seide, Gewürze und Edelsteine durch diese Region transportierten und dadurch die Kulturen und Wirtschaften Eurasiens miteinander verbanden.

Teilnahme an einer traditionellen turkmenischen Hochzeit

Erlebe die Kultur des Landes hautnah, indem du an einer traditionellen Hochzeitsfeier teilnimmst.

TADSCHIKISTAN

Saressee in Rushon

Besichtige den größten Staudamm der Welt und den Ort einer möglichen Katastrophe. Ein echtes Abenteuer und ein unvergesslicher Anblick.

Wand am Haus des Tadschikischen Schriftstellerverbandes in Duschanbe

Die Fassade des Gebäudes ist mit Statuen von elf Größen der tadschikischen Literatur geschmückt.

Yamchun-Festung in Ishkashim

Erklimme die beeindruckende Yamchun-Festung, auch bekannt als Zoroastrische Festung, die auf einem Felsvorsprung im Wakhan-Tal thront. Diese historische Stätte bietet nicht nur atemberaubende Ausblicke auf das Tal und den Panj-Fluss, sondern auch Einblicke in die frühe Geschichte der Region.

Hulbuk-Festung in Pingan

Besuche die mittelalterliche Zitadelle, deren Ursprünge bis ins 9. Jahrhundert zurückreichen. Archäologische Ausgrabungen haben zahlreiche Artefakte ans Licht gebracht, die das Leben der Menschen in der Vergangenheit beleuchten.

Observatorium Shorbulak

Entdecke dieses abgelegene, verlassene sowjetische Observatorium, das spektakuläre Aussichten verspricht. Ein wahres Abenteuer für alle Sternengucker.

Rudaki-Grab in Panjakent

An diesem Ort der Ruhe und Kultur liegt der Vater der persischen Poesie begraben. Obwohl nur ein Bruchteil seiner Gedichte überlebt hat, zeugen sie von außergewöhnlicher Vielseitigkeit und Meisterschaft.

Ruinen von Panjakent

Besuche die einst blühende Stadt an der Seidenstraße, ein wichtiges Handels- und Kulturzentrum der Sogdiana, einer antiken Zivilisation in Zentralasien.

Lenin-Statue in Chudschand

Die größte Lenin-Statue Zentralasiens wurde nicht zerstört, sondern auf ein leeres Feld versetzt. Ein Stück Geschichte zum Anfassen.

Iskanderkul-See im Fan-Gebirge

Der See ist nach Alexander dem Großen benannt, der in der Region als »Iskander« bekannt ist. Der Legende nach soll Alexander der Große mit seinem Heer an diesem See vorbeigezogen sein.

Ruinen von Sarazm

Reise zu einer der ältesten Siedlungen Zentralasiens, die Zeugnis von den ersten Ackerbaugemeinschaften und dem Beginn der städtischen Kultur in der Region ablegt. Die Fundstätte bietet faszinierende Einblicke in das Leben und die Handelsbeziehungen der Menschen während der Bronzezeit, einschließlich der Entdeckung antiker Werkzeuge, Keramik und Beweise für Metallverarbeitung.

KIRGISISTAN

Tash Rabat

Besuche die gut erhaltene Karawanserei aus dem 15. Jahrhundert, die als Raststätte für Reisende und Händler auf der Seidenstraße diente. Dieses beeindruckende Steinbauwerk, eingebettet in das malerische Tal des Tien-Shan-Gebirges, bietet Einblicke in die Geschichte des Karawanenhandels und ist ein faszinierendes Beispiel mittelalterlicher Architektur.

Muzey Sulayman Too in Osch

Dieses außergewöhnliche Stück retro-futuristischer Sci-Fi-Architektur ist in einen heiligen Berg gebaut und bietet eine einzigartige Perspektive auf die Geschichte und Kultur Kirgisistans.

Familienrestaurant der Dunganen in Yrdyk

Genieße die authentische Küche der Dunganen, einer ethnischen Gruppe chinesischer Herkunft, in einem traditionellen Familienrestaurant in Yrdyk. Ihre einzigartigen Gerichte spiegeln eine faszinierende Verschmelzung von zentralasiatischen und chinesischen Einflüssen wider, wobei frische Zutaten aus der Region und spezielle Gewürzmischungen für einen unverwechselbaren Geschmack sorgen.

Kirgisisches Nationalmuseum in Bischkek

Dieses Museum ist eine Zeitkapsel, in der die Sowjetunion lebendig bleibt. Es bietet einen tiefen Einblick in die Geschichte und Kultur des Landes.

Juri-Gagarin-Denkmal in Barskoon

Barskoon war zu Sowjetzeiten ein berühmtes Dorf. Juri Gagarin, der erste Mensch im Weltall, besuchte den Ort während seines Trainings. Am Ende eines Kiefernwaldes erinnert ein Denkmal an diese vergessene Zeit.

Merzbacher-See in Ak-Su

Fotografiere ein faszinierendes Naturphänomen. Dieser Gletschersee entleert sich auf geheimnisvolle Weise jedes Jahr von selbst.

Zirkus von Bischkek

Diese retro-futuristische, UFO-ähnliche Architektur ist ein Überbleibsel des sowjetischen Zirkus. Erlebe Akrobatik, Jonglage, Clownerie und Tierdressuren.

Dungan-Moschee in Karakol

Lass dich von diesem Beispiel chinesisch-muslimischer Architektur beeindrucken: Die Moschee wurde komplett aus ineinandergreifenden Teilen gebaut, für deren Konstruktion keine Nägel benötigt wurden.

Ala-Kul See

Dieser hoch gelegene Gletschersee ist bekannt für seine atemberaubende Schönheit und sein leuchtend türkisfarbenes Wasser.

Traditionelles Pferderennen

Pferderennen sind ein wichtiger Bestandteil der kirgisischen Kultur und bieten ein authentisches Erlebnis.

CHINA

Sonnenaufgang am Huang Shan (Gelber Berg)

Bewundere den atemberaubenden Sonnenaufgang über den nebelverhangenen Gipfeln des Huang Shan, einem der berühmtesten Berge Chinas.

Teezeremonie in Hangzhou

Erlebe die Welt des chinesischen Tees bei einer Teezeremonie inmitten der malerischen Longjing-Teeplantagen. Hier erfährst du mehr über die jahrtausendealte Geschichte und Kultur des Tees in China, insbesondere über die Bedeutung des berühmten Longjing-Tees, der für seinen feinen Geschmack und sein charakteristisches Aroma geschätzt wird.

Fahrradtour entlang der alten Stadtmauer von Xi'an

Fahre mit dem Fahrrad entlang der alten Stadtmauer von Xi'an und genieße eine einzigartige Perspektive auf diese historische Stadt.

Eisfestival in Harbin

Auf der größten Eis- und Schneeskulpturenausstellung der Welt werden beeindruckende Kunstwerke aus Eisblöcken geschaffen, die nachts in leuchtenden Farben erstrahlen und eine magische Winterwunderland-Atmosphäre schaffen.

Flusskreuzfahrt auf dem Li-Fluss in Guilin

Mache eine Kreuzfahrt auf dem Li-Fluss und erlebe die atemberaubende Karstlandschaft, für die Guilin berühmt ist.

Sichuan-Kochkurs in Chengdu

Lerne die Zubereitung authentischer Sichuan-Gerichte in Chengdu, der Heimat der berühmten scharfen Sichuan-Küche. Zum Beispiel die Zubereitung des klassischen Mapo Tofu, einem würzigen und aromatischen Gericht aus Tofu und Hackfleisch in einer pikanten Chilibohnensoße.

Meditation in einem Shaolin-Tempel

Tauche ein in die Welt des Zen-Buddhismus und des Kung Fu bei einer Meditation in einem Shaolin-Tempel in der Provinz Henan.

Zhangye-Danxia-Geopark

Bestaune die bunt gestreiften Sandsteinformationen, die auch Regenbogenberge genannt werden. Die einzigartige Landschaft bietet ideale Bedingungen zum Fotografieren, besonders bei Sonnenauf- und -untergang.

Nachtmarkt in Kashgar

Genieße die lebhafte Atmosphäre und probiere die ethnischen Spezialitäten der Uiguren auf dem Nachtmarkt von Kashgar.

Schlucht des Tigersprungs

Wandere durch eine dramatische Landschaft mit steilen Felswänden und dem reißenden Jinsha-Fluss. Der Legende nach verdankt die Schlucht ihren Namen einem Tiger, der einst über die engste Stelle der Schlucht sprang, um zu entkommen. Der Ort bietet spektakuläre Aussichten auf den Haba-Schneeberg und den Jade-Drachen-Schneeberg.

JAPAN

Bootsfahrt auf den Kanälen von Yanagawa

Genieße eine entspannte Bootsfahrt durch das »Venedig Japans«. Die Bootsfahrt verläuft durch malerische Landschaften, vorbei an traditionellen japanischen Häusern, kleinen Brücken und üppiger Vegetation.

Teezeremonie in Kyoto

Im »Ju-An«, einem traditionellen Teehaus in Kyoto, kannst du die japanische Teezeremonie, eine jahrhundertealte Praxis der Gastfreundschaft und Achtsamkeit, erleben. Diese Zeremonie ist nicht nur eine Kunst der Teezubereitung, sondern symbolisiert auch Frieden, Respekt, Reinheit und Stille. Sie bietet einen tiefen Einblick in die japanische Kultur und ihre Wertschätzung für Schönheit in der Einfachheit.

Sushi-Kochkurs in Tokio

Lerne von einem Meister die Kunst der Sushi-Herstellung. Unter anderem lernst du, wie man frischen, hochwertigen Fisch für Sushi auswählt und fachmännisch filetiert und wie man Sushi-Reis perfekt kocht und würzt – eine Schlüsselkomponente für gutes Sushi.

Die Schneeaffen von Jigokudani Yaen-Koen

Beobachte die berühmten Schneeaffen, die sich in den kalten Wintermonaten in den natürlichen heißen Quellen (Onsen) aufwärmen. Die Kulisse der schneebedeckten Berge mit den badenden Affen bietet außergewöhnliche Fotomotive.

Wandern auf dem Pilgerweg Kumano Kodo

Erlebe die atemberaubende Landschaft und die spirituelle Geschichte dieses alten Pilgerwegs.

teamLab Borderless Museum in Tokyo

Tauche ein in eine Welt aus Licht, Farbe und Bewegung. Hier verschmelzen Tradition und Moderne: Digitale Technologien treffen auf die Inspiration traditioneller japanischer Kunst- und Designkonzepte.

Kunstinsel Naoshima

Entdecke die Insel, die für ihre moderne Kunst, Architektur und Skulpturen bekannt ist, die sich harmonisch in die natürliche Landschaft einfügen.

Übernachtung in einem buddhistischen Tempel in Koyasan

Verbringe eine Nacht in einem Tempel und nimm am Morgengebet teil, um einen Einblick in das buddhistische Leben zu bekommen.

Historische Stadt Kanazawa

Entdecke in Kanazawa die faszinierende Geschichte und Kultur Japans. Neben dem malerischen Samurai- und Geisha-Viertel kannst du den Kenroku-en-Garten besuchen, einen der drei großen Gärten Japans, der für seine atemberaubende Schönheit und harmonische Gestaltung berühmt ist.

Okunoin Friedhof in Koyasan

Spaziergang über den größten Friedhof Japans, der für seine jahrhundertealten Grabsteine bekannt ist.

SÜDKOREA

Hanok-Dorf in Jeonju

Besuche diese faszinierende Enklave, die die traditionelle koreanische Kultur und Architektur bewahrt. Mehr als 800 Hanoks aus mehreren Jahrhunderten stehen hier. Die traditionellen Häuser bieten einen Einblick in die koreanische Architektur vergangener Zeiten.

Insel Nami

Diese malerische Insel, die durch die beliebte koreanische Fernsehserie »Winter Sonata« Berühmtheit erlangte, bietet idyllische Landschaften mit sorgfältig angelegten Gärten, herrlichen Wegen entlang von Baumreihen und ruhigen Uferpromenaden. Nami Island ist besonders bekannt für ihre spektakulären Jahreszeitenpanoramen, von blühenden Kirschbäumen im Frühling bis hin zu schneebedeckten Landschaften im Winter, was sie zu einem beliebten Ziel für Fotografen und Romantiker macht.

Teezeremonie-Kurs im O'sulloc Tea Museum auf der Insel Jeju

Lerne unter Anleitung erfahrener Lehrer, wie man eine Teezeremonie durchführt, und genieße die ruhige und meditative Atmosphäre, die diese Zeremonie mit sich bringt.

Boryeong Mud Festival

Wälze dich im Schlamm und genieße die gesundheitsfördernde Wirkung des mineralhaltigen Schlamms von Boryeong.

Gamcheon Culture Village in Busan

Dieses farbenfrohe Dorf, das oft als »Machu Picchu von Busan« oder »Koreas Santorini« bezeichnet wird, ist bekannt für seine bunten, terrassenförmig angelegten Häuser, die malerisch an den Hängen eines steilen Hügels liegen.

Tempelübernachtung im Haeinsa-Tempel

Eine außergewöhnliche Gelegenheit, das Leben der buddhistischen Mönche kennenzulernen. Der Tempel liegt in den Bergen des Gayasan-Nationalparks und beherbergt die Tripitaka Koreana, die umfassendste und älteste erhaltene Sammlung buddhistischer Schriften auf Holztafeln.

DMZ (Demilitarisierte Zone)

Erfahre mehr über die Geschichte und die aktuellen Spannungen zwischen Nord- und Südkorea auf einer geführten Tour durch diese Zone.

Koreanische Straßenküche in Myeongdong, Seoul

Von Tteokbokki (scharfe Reiskuchen) bis Hotteok (süße Pfannkuchen) – die koreanische Straßenküche ist ein Muss.

K-Pop live

Besuche ein Konzert deiner Lieblings-K-Pop-Gruppe oder nimm an einem Tanzkurs teil, um die berühmten Tanzschritte zu lernen.

Seoraksan-Nationalpark

Erlebe die atemberaubende Natur Südkoreas bei einer Wanderung durch diesen wunderschönen Nationalpark.

MONGOLEI

Khustain-Nuruu-Nationalpark

Besuche den faszinierenden Nationalpark in der Mongolei, der als Schutzgebiet für die Przewalski-Pferde, die letzten wilden Pferde der Welt, dient. In diesem Park kannst du diese seltenen und wunderschönen Tiere beobachten.

Dschingis-Khan-Statuenkomplex, Ulaanbaatar

Besteige den Kopf des Pferdes, auf dem der mongolische Kaiser sitzt, und genieße die atemberaubende Aussicht auf die umliegende Landschaft.

Flammende Klippen in Bulgan

Bewundere die markanten roten Sandsteinformationen, die bei Sonnenuntergang leuchtend rot erscheinen. In den 1920er-Jahren wurden hier die ersten Dinosaurierfossilien der Mongolei gefunden.

Zaisan Monument, Ulaanbaatar

Ein riesiges kommunistisches Propagandadenkmal und Wandbild, das einen atemberaubenden Blick auf die mongolische Hauptstadt bietet.

Internationales Museum für Intellekt und Rätsel, Ulaanbaatar

Dieses Museum ist der Welt der Rätsel, Spiele und der Förderung des intellektuellen Denkens gewidmet. Man kann sich mit einer Vielzahl von Denksportaufgaben beschäftigen.

Mutterbaum in Shammar

Dieses spirituelle Symbol für Schamanen ist mit Milch und Wodka getränkt und mit blauen Tüchern bedeckt. Es gilt als Symbol für Fruchtbarkeit, Leben und Beständigkeit.

Khamriin Khiid in Urgun

Dieses heilige buddhistische Kloster in der Gobi-Wüste ist nicht nur ein Zentrum spiritueller Energie, sondern auch bekannt für seine Verbindung zum berühmten mongolischen Mystiker und Künstler Danzan Ravjaa. Er gründete das Kloster im 19. Jahrhundert, und es diente als Zentrum für Kunst, Medizin und Bildung.

Teilnahme am Naadam-Fest

Bekannt als »Eriin Gurvan Naadam«, was »Die drei Spiele der Männer« bedeutet, ist es das wichtigste und traditionellste Fest in der Mongolei. Es wird jedes Jahr vom 10. bis 13. Juli gefeiert und ist eine lebendige Darstellung der mongolischen Kultur, Tradition und Erbe.

Kloster Erdene Dsuu in Charchorin

Besuche das älteste buddhistische Kloster der Mongolei, das Jahrhunderte der Invasionen, politischen Veränderungen und religiösen Säuberungen überlebt hat.

Fahrt mit der Transmongolischen Eisenbahn

Diese epische Zugreise führt dich durch spektakuläre Landschaften, darunter die weiten Steppen der Mongolei und die atemberaubende Wüste Gobi, bis hin zu den sibirischen Wäldern Russlands.

TAIWAN

Wanli UFO Village

Entdecke dieses Ensemble verlassener Futuro- und Venturo-Häuser aus der Mitte des 20. Jahrhunderts in einem halb verlassenen Badeort außerhalb von Taipeh.

Rainbow Family Village, Taichung City

Erkunde dieses farbenfrohe Kunstprojekt eines einzelnen Mannes, Huang Yung-Fu, auch bekannt als »Großvater Regenbogen«. Es ist zu einem Symbol für Freude und Kreativität geworden.

Houtong Cat Village

Als der Bergbau in dem einstigen Bergbauzentrum in den 1990er-Jahren zurückging, verließen viele Einwohner das Dorf. Die Katzen blieben und wurden zur Hauptattraktion.

Wanderung durch die Taroko-Schlucht in Xiulin Township

Lass dich von den spektakulären Marmorwänden beeindrucken und genieße die Aussicht auf die steilen Klippen, die türkisfarbenen Flüsse und die üppige Vegetation.

Changchun-Schrein (Schrein des ewigen Frühlings) in Xiulin

Mache eine Wanderung zum Wasserfall, der direkt durch dieses taiwanesische Heiligtum fließt, das den Hunderten von Arbeitern gewidmet ist, die beim Bau einer nahe gelegenen Autobahn ums Leben kamen.

Yehliu Geopark in Yehliu

Der Park ist berühmt für seine außergewöhnlichen Felsstrukturen, darunter die »Queen's Head«-Formation.

Tuned Mass Damper of Taipei 101

Dieses technische Meisterwerk im Taipei 101, einem der höchsten Gebäude der Welt, ist ein kugelförmiges Pendel, das als Schwingungsdämpfer dient, um das Gebäude vor Erdbeben und Taifunen zu schützen.

Carton King Creative Park in Taichung City

Besuche den einzigartigen Themenpark, der sich ganz dem Thema Karton und Pappe widmet. Ein Highlight ist das Restaurant, in dem von Stühlen und Tischen bis hin zu Geschirr und Dekoration fast alles aus Pappe ist.

Gulu Gulu in Taichung City

Erlebe die Verbindung von kulinarischen Genüssen mit künstlerischem Ausdruck und kulturellem Erlebnis. Betrieben wird es von einem einheimischen indigenen taiwanesischen Singer-Songwriter.

Dome of Light in Xinxing District, Kaohsiung

Dieses beeindruckende Kunstwerk, entworfen vom italienischen Künstler Narcissus Quagliata, erstreckt sich über eine Fläche von 660 Quadratmetern in der Formosa Boulevard U-Bahn-Station. Es besteht aus Tausenden von farbigen Glasplatten und erzählt mit seinen vier thematischen Bereichen – Wasser, Erde, Licht und Feuer – eine Geschichte über die menschliche Entwicklung und den Kreislauf des Lebens.

HONGKONG UND MACAU

Quarry Bay ‚ Monster Building‘, Hongkong

Besuche dieses beeindruckende Gebäude, das eigentlich aus fünf miteinander verbundenen Türmen besteht, die in den 1960er-Jahren gebaut wurden. Ein einzigartiger Blick auf die dichte, vertikale Wohnlandschaft der Stadt.

Un Chau Estate Flower Tunnel, Hongkong

Entdecke einen märchenhaften Blumentunnel, der sich in den Gärten eines öffentlichen Wohnkomplexes inmitten der urbanen Landschaft verbirgt.

Kowloon Walled City Park, Hongkong

Erkunde die Überreste der am dichtesten besiedelten Stadt der Weltgeschichte. Der Park ist ein Fenster in die einzigartige und komplexe Geschichte der Stadt und hebt den Kontrast zwischen Vergangenheit und Gegenwart hervor.

A Sky Full of Gods and Buddhas, Hongkong

Besichtige diesen Hügel, auf dem Tausende von verlassenen Statuen von Gottheiten stehen. Diese surreale Landschaft bietet einen Einblick in die religiöse Kultur und Kunst.

Wang Tong Art Walk, Hongkong

Auf diesem einzigartigen Kunstspaziergang entdeckst du eine Sammlung von Street-Art-Werken und Installationen, die in verlassenen Häusern und auf verwaisten Grundstücken in Wang Tong versteckt sind.

A-Ma Tempel, Macau

Erlebe die Spiritualität und Ruhe des ältesten taoistischen Tempels in Macau, der nicht nur ein spirituelles Zentrum, sondern auch ein symbolischer Ort ist, der die reiche kulturelle Geschichte und den Einfluss der Meeresgöttin auf die lokale Gemeinschaft widerspiegelt.

Spaziergang über den Senado Square, Macau

Besuche dieses lebendige Beispiel für die Verschmelzung europäischer und asiatischer Kulturen, die sich in der lebhaften Atmosphäre des Platzes widerspiegelt.

Bungee-Jumping vom AJ Hackett Tower, Macau

Wage einen Sprung von einer der höchsten kommerziellen Bungee-Jumping-Anlagen der Welt. Der Ausblick über die Stadt ist atemberaubend.

Ruinen von St. Paul's, Macau

Diese ikonische Fassade, einst Teil der im 17. Jahrhundert erbauten Kirche des Heiligen Paulus, ist alles, was von dem ursprünglichen Gebäude nach einem Brand im Jahr 1835 übrig geblieben ist. Heute steht sie als Symbol für das historische Zusammentreffen von ostasiatischer und europäischer Kultur und Architektur.

Taipa Houses, Macau

Die sorgfältig restaurierten Taipa-Häuser, eine Reihe von fünf grünen Villen am Ufer des Sees, bieten einen faszinierenden Einblick in das Leben der wohlhabenden portugiesischen Familien im frühen 20. Jahrhundert.

THAILAND

Roter Lotussee im Tambon Chiang Haeo

Während der Blütezeit, in der Regel von Dezember bis Februar, kann man eine Bootsfahrt auf dem See unternehmen und die ausgiebige Blüte der roten Lotusblumen genießen, die den See in ein atemberaubendes rotes Meer verwandeln.

Wat Rong Khun in Chiang Rai

Besuche eine moderne und künstlerische Interpretation traditioneller buddhistischer und hinduistischer Motive, die durch die Verwendung von Spiegelglasfragmenten besonders hervorstechen. Diese einzigartigen Elemente lassen den Tempel im Sonnenlicht glitzern und funkeln.

Phraya-Nakhon-Höhle im Nationalpark Khao Sam Roi Yot

Zur richtigen Tageszeit fällt das Sonnenlicht durch das Dach dieser Höhle und beleuchtet den kleinen Pavillon, der sich darin verbirgt.

Treepod Restaurant in Amphoe Ko Kut

Diniere in einer »Baumkapsel« (Treepod), die hoch in den Bäumen hängt und einen atemberaubenden Blick auf das umliegende Grün und das Meer bietet.

Tempel Wat Samphran in Khlong Mai

Ein architektonisches Juwel, das abseits der ausgetretenen Touristenpfade versteckt zu finden ist. Hier klettert ein riesiger Drache die Wände des 17-stöckigen Tempels hinauf.

Erawan-Wasserfälle und -Höhlen in Tambon Tha Kradan

Diese natürliche Attraktion bietet sieben terrassenförmig angelegte Wasserfälle, die durch ihre smaragdgrünen Becken und die umgebende üppige Vegetation beeindrucken. Die Höhlen, darunter die berühmte Phra That-Höhle, sind für ihre beeindruckenden Stalaktiten und Stalagmiten bekannt und bieten einen faszinierenden Einblick in die geologische Vielfalt der Region.

Wang Saen Suk Höllengarten in Tambon Saen Suk

Erlebe die buddhistische Vorstellung vom Leben nach dem Tod. Hier wird die buddhistische Hölle mit lebensgroßen Skulpturen dargestellt, die verschiedene Höllenqualen und Szenen der Bestrafung für sündiges Verhalten zeigen.

Amulettmarkt in Bangkok

Besuche den Markt für Bangkoks Männer mit gefährlichen Jobs, die hier nach schützenden Talismanen suchen.

Ein halbes Jahrhundert alte Suppe in Bangkok

Im Bistro Wattana Panich wird seit mehr als 45 Jahren ununterbrochen ein Topf Rindfleischeintopf gekocht.

Maeklong Eisenbahnmarkt in Mae Klong

Dieser einzigartige Markt ist für seine Lage bekannt, direkt auf den Eisenbahnschienen, wodurch die Verkäufer gezwungen sind, ihre Waren blitzschnell zurückzuziehen, sobald der Zug naht. Der »Umbrella Pull-Down Market« bietet eine Vielzahl von frischen Produkten und lokalen Waren.

VIETNAM

Mopedtour durch Hanois versteckte Gassen

Fahre auf einem alten Moped durch das pulsierende Leben der Altstadt von Hanoi und entdecke versteckte Gassen, Straßenmärkte und lokale Essensstände.

Traditioneller Laternenworkshop in Hoi An

Lerne die Kunst der Laternenherstellung in der charmanten Stadt Hoi An. Gestalte deine eigene Laterne und nimm ein Stück vietnamesische Kultur mit nach Hause.

Private Bootstour durch die Halong-Bucht

Statt einer typischen Kreuzfahrt miete ein privates Boot und erkunde die weniger besuchten Teile der Bucht.

Kochkurs in der Region Hue

Koche das traditionelle vietnamesische Gericht Pho. Der Kurs bietet nicht nur einen Einblick in die Zubereitung der berühmten Nudelsuppe, sondern auch die Möglichkeit, das ländliche Leben und die Gastfreundschaft der Einheimischen zu erleben.

Mui Ne Sanddünen Quad fahren

Die roten und weißen Sanddünen von Mui Ne bieten ein abenteuerliches Erlebnis, bei dem du die weiten, windgeformten Landschaften auf einem Quad erkunden kannst. Die Dünen, die oft mit einer Wüstenlandschaft verglichen werden, ändern ihre Form und Farbe je nach Tageszeit.

Tauchen in den Cham-Inseln

Tauche ein in die Unterwasserwelt der Cham-Inseln mit ihren farbenprächtigen Korallenriffen und einer Vielzahl von Meerestieren.

Traditionelle Wasserpuppenshow in Ho-Chi-Minh-Stadt

Beim Besuch des Golden Dragon Water Puppet Theatre in Saigon erlebt man eine traditionelle vietnamesische Wasserpuppenshow, eine einzigartige kulturelle Darbietung.

Trekking in den Reisterrassen von Sapa

Wandere durch die atemberaubenden Reisterrassen im Nordwesten des Landes. Genieße beeindruckende Panoramablicke auf grüne, stufenförmig angelegte Felder.

Kaffeeplantagen in Dalat

In malerischen Hügeln gelegen, bieten die Kaffeeplantagen Besuchern die Möglichkeit, die umfangreiche Vielfalt der Kaffeesorten Vietnams zu entdecken. Der Weasel Coffee, auch bekannt als »Kopi Luwak«, wird auf eine besondere Weise produziert, indem die Kaffeebohnen von Zibetkatzen gefressen und anschließend verdaut werden, was dem Kaffee sein einzigartiges Aroma verleiht.

Phong Nha Höhlen mit dem Kajak

Die Kajakfahrt führt dich durch die von der Natur geformten Hallen und Grotten, in denen Stalaktiten und Stalagmiten sowie kristallklare Gewässer zu sehen sind. Diese Höhlen sind Teil eines der größten Höhlensysteme der Welt, das auch die berühmte Son Doong Höhle umfasst.

MALAYSIA

Teetrinken in den Cameron Highlands

Hier kann man bei einer Tasse Tee den Blick über die atemberaubenden Teeplantagen schweifen lassen. Die Cameron Highlands sind bekannt für ihre Teeindustrie und bieten eine erfrischende Abwechslung zum feuchten Tiefland Malaysias.

Batu Caves

Die Batu Caves, nur wenige Kilometer von Kuala Lumpur entfernt, sind nicht nur für ihre beeindruckenden Kalksteinformationen bekannt, sondern auch als wichtiger hinduistischer Pilgerort. Die Höhlen beherbergen mehrere Hindu-Tempel und Schreine, darunter den berühmten Tempel des Lord Murugan, dessen monumentale, goldene Statue am Eingang steht.

Meereserkundung auf den Perhentian-Inseln

Tauche ein in die Unterwasserwelt mit grünen Meeresschildkröten, Barrakudas und bunten Riffbewohnern an diesem Ort mit kristallklarem Wasser und goldenen Sandstränden.

Streetfood in George Town, Penang

Genieße Char Kway Teow, eine Nudelspezialität aus flachen Reisnudeln mit Garnelen, Blutwurst, Ei und Sojasprossen, inmitten der lebhaften Straßenmärkte und Cafés, umgeben von malerischer Straßenkunst und britischen Kolonialgebäuden.

Kultur in Malakka

Eine interessante Mischung aus historischen Kolonialgebäuden, bunten Straßenmärkten, antiken Tempeln und Moscheen.

Wandern im Taman-Negara-Nationalpark

Wandere durch einen der ältesten Regenwälder der Welt mit einer beeindruckenden Artenvielfalt an seltenen Tieren und Pflanzen.

Nasi Kandar

Probiere Nasi Kandar, ein Grundnahrungsmittel in Malaysia, das aus Reis mit verschiedenen Toppings und Soßen besteht. Es ist von tamilischen Gerichten inspiriert.

Petronas Towers

Diese ikonischen Türme sind ein Muss bei jedem Besuch in Kuala Lumpur. Genieße die Aussicht von der Skybridge, die die beiden Türme verbindet.

Strandurlaub auf Langkawi

Entspanne an einem der malerischen Strände mit kristallklarem Wasser und feinem weißen Sand. Die beliebtesten Strände sind Pantai Cenang und Pantai Tengah.

Tunku-Abdul-Rahman-Nationalpark

Dieser Nationalpark besteht aus fünf Inseln vor der Küste von Kota Kinabalu in Sabah, Ostmalaysia. Erkunde dichte Regenwälder mit einer vielfältigen und artenreichen Flora und Fauna.

SINGAPUR

Supertree in den Gardens by the Bay

Die beeindruckenden futuristischen Bäume sind ein Wahrzeichen Singapurs und bieten vor allem nachts, wenn sie beleuchtet sind, einen atemberaubenden Ausblick.

Schwimmen im höchsten Infinity-Pool der Welt

Der Pool auf dem Dach des Marina Bay Sands Resorts erlaubt einen unvergleichlichen Blick auf die Skyline von Singapur.

Haw Par Villa

Dieser buddhistische Themenpark zeigt auf einzigartige Weise die buddhistische Vorstellung vom Jenseits. Der Park ist bekannt für seine bizarren Skulpturen und Darstellungen von Himmel und Hölle. Interessanterweise wurde der Park von den Brüdern Aw Boon Haw und Aw Boon Par, den Schöpfern von Tiger Balm, angelegt, um moralische Werte und traditionelle Geschichten zu vermitteln.

Buddha Tooth Relic Tempel und Museum

Dieser Tempel beherbergt eine angebliche Zahnreliquie Buddhas und ist ein wichtiges Zentrum des Buddhismus in Singapur. Der Tempel beeindruckt durch seine prächtige Architektur im Stil der Tang-Dynastie mit kunstvollen Verzierungen. Im Inneren können Besucher die Reliquien besichtigen und die spirituelle Atmosphäre erleben. Das angeschlossene Museum bietet Einblicke in die buddhistische Geschichte und Kultur.

Mittagessen beim Hawker Chan Soya Sauce Chicken Rice & Noodles

Probiere das billigste Michelin-Sterne-Gericht der Welt an diesem Stand in einem Food-Court in Singapur.

Henderson Waves Brücke

Spaziere über die höchste Fußgängerbrücke Singapurs und genieße die atemberaubende Aussicht. Ihre Holzkonstruktion in Form von wellenförmigen Bögen wird nachts beleuchtet und ist ein beliebter Ort für abendliche Spaziergänge.

Rutschen am Changi Airport

Verkürze die Wartezeit am Flughafen und rase die »Slide@T3« im Terminal 3 hinunter. Sie ist bekannt als die höchste Rutsche der Welt in einem Flughafen.

Live Turtle and Tortoise Museum

Besuche eine der weltweit größten Sammlungen lebender Schildkröten und lerne mehr über ihr Verhalten, ihren Lebensraum und ihre Pflege.

Dinner auf dem Wasser

Eine 15-minütige Bootsfahrt führt zum Smith Marine Floating Restaurant, das auf dem Wasser zwischen Pulau Ubin und dem Changi Point Ferry Terminal schwimmt.

Nachtleben in der 28 HongKong Street

Nimm einen Drink in der versteckten Bar, die für ihre exzellenten, kreativ gemixten Cocktails bekannt ist – eine intime und raffinierte Atmosphäre, perfekt für einen entspannten Abend.

INDONESIEN

Geisterpalast Hotel in Baturiti, Bali

Fotografiere die Ruinen des einst prächtigen Hotels im Hochland von Bali. Das riesige, verlassene Gebäude ist für seine unheimliche und mysteriöse Atmosphäre bekannt.

Komodo-Nationalpark in Ost-Nusa Tenggara

Beobachte die größten lebenden Echsen der Welt, die Komodo Warane, die nur auf einigen Inseln des Nationalparks und in der umliegenden Region leben.

Tanah Lot Tempel in Kediri, Bali

Besuche diesen hinduistischen Tempel, der auf einem Felsen im Meer liegt und von Meeresschlangen bewacht wird. Ein atemberaubender Ort, der die spirituelle Seite Indonesiens zeigt.

Affenwald in Ubud, Bali

Erlebe den heiligen Wald (Sacred Monkey Forest Sanctuary), in dem Hunderte von Langschwanzmakaken in natürlicher Umgebung leben. Es gibt auch alte Tempelstrukturen, die tief im Wald versteckt sind.

Gereja Ayam in Magelang, Java

Gereja Ayam, was übersetzt »Hühnerkirche« bedeutet, ist bekannt für seine Struktur, die einem Huhn ähnelt. Obwohl sie oft als Kirche bezeichnet wird, ist sie als spirituelles Haus für alle Glaubensrichtungen konzipiert.

Taman Festival in Denpasar Timur, Bali

Begib dich auf ein Urbex-Abenteuer in einem verlassenen Vergnügungspark mit postapokalyptischer Atmosphäre. Erkunde die verfallenen Gebäude, die langsam vom Dschungel verschlungen werden.

Goa Gajah in Sukawati, Bali

Tauche ein in die Geschichte und Kultur des Landes in diesem alten indonesischen Tempel, der auch als »Höhle der Elefanten« bekannt ist.

Sonnenaufgang am Mount Bromo, Java

Wandere auf einen aktiven Vulkan und erreiche den Gipfel rechtzeitig, um das magische Schauspiel des Sonnenaufgangs über der Vulkanlandschaft zu erleben. Die Aussicht von oben ist spektakulär und ein unvergessliches Naturerlebnis.

Pura Lempuyang Luhur in Abang, Bali

Besteige das »Tor zum Himmel«, einen der heiligsten Orte der Insel. Der Zugang zum Tempel ist nur über eine lange Treppe möglich, aber die Aussicht von oben auf den majestätischen Vulkan Agung ist atemberaubend. Der Tempel ist ein wichtiger spiritueller Ort auf Bali und wird von Pilgern und Touristen gleichermaßen besucht. Das »Tor zum Himmel« dient auf Fotos oft als malerischer Rahmen für den Vulkan Agung.

Kultur in Tana Toraja, Sulawesi

Entdecke die einzigartige Architektur der traditionellen Tongkonan-Häuser und gewinne tiefe Einblicke in alte Traditionen, die hier eng mit der Natur und den Vorfahren verbunden sind.

PHILIPPINEN

Tauchen mit Walhaien in Donsol

Erlebe die majestätischen Walhaie, ihre beeindruckende Größe und ihr sanftes Wesen in ihrer natürlichen Umgebung. Die größten Fische der Meere kommen von Dezember bis Mai hierher, um sich von Plankton zu ernähren.

Glühwürmchenfest in Donsol

Beobachte bei einer abendlichen Bootsfahrt, wie Tausende von Glühwürmchen die Ufer und Mangrovenwälder in ein funkelndes Lichtermeer verwandeln. Dieses natürliche Lichtspektakel gibt Einblick in das empfindliche Ökosystem der Region.

Hängende Särge von Sagada

Wandere entlang der Echo Valley Trails in Sagada und entdecke die einzigartige Bestattungskultur der Igorot-Stämme mit ihren hängenden Särgen.

Kalinga-Tattoo-Ritual in Buscalan

Triff die legendäre Tätowiererin Apo Whang-Od in Buscalan, Kalinga, und lass dir ein traditionelles Kalinga-Tattoo stechen.

Wanderung zum Gipfel des Mount Pulag

Erklimme den dritthöchsten Berg des Landes, den Mount Pulag, und genieße den atemberaubenden Sonnenaufgang über dem Wolkenmeer.

Unterirdische Flüsse von Palawan

Erkunde die unterirdischen Flüsse von Puerto Princesa, ein UNESCO-Weltkulturerbe, mit dem Kanu und bestaune die beeindruckenden Kalksteinformationen. Das unterirdische Flusssystem erstreckt sich über mehrere Kilometer und besteht aus einer etwa 8,2 Kilometer langen Haupthöhle und zahlreichen Nebenhöhlen mit einer einzigartigen Flora und Fauna, darunter Fledermäuse und Insekten, die zur ökologischen Bedeutung des Höhlensystems beitragen.

Schokoladenhügel von Bohol

Besuche die einzigartigen Hügel, von denen es über 1200 gibt, die in Form und Größe nahezu identisch sind und in der Trockenzeit, wenn sich ihre Vegetation braun färbt, wie riesige Schokoladenküsse aussehen.

Historische Stadt Vigan

Spaziere durch die kopfsteingepflasterten Gassen der UNESCO-Weltkulturerbe-Stadt Vigan und bewundere die gut erhaltenen spanischen Kolonialbauten.

Tarsier-Schutzgebiete auf Bohol

Triff die kleinsten Primaten der Welt, die Tarsier, in ihrem natürlichen Lebensraum in den Tarsier-Schutzgebieten auf Bohol.

Lokale Küche auf einem Lebensmittelmarkt in Manila

Entdecke die Vielfalt der philippinischen Küche auf einem lokalen Lebensmittelmarkt in Manila und probiere Spezialitäten wie Lechon, Adobo und Halo-Halo.

MYANMAR

Tempel von Bagan

Mehr als 2000 alte Tempel säumen die Landschaft dieser berühmten archäologischen Stätte. Du kannst die Tempel zu Fuß, mit dem Fahrrad oder sogar in einem Heißluftballon erkunden.

Die Pagoden von Kakku

Dieser einzigartige Tempelkomplex liegt abseits der üblichen Touristenpfade und bietet eine beeindruckende Sammlung von über 2000 Stupas.

Ruinen von Inwa

Einst eine prächtige königliche Hauptstadt, ist Inwa heute eine faszinierende Ruinenstadt, die du mit der Pferdekutsche erkunden kannst.

Mingun-Pagode und Glocke

Besuche die riesige, unvollendete Stupa. Wäre sie fertiggestellt worden, wäre sie die größte Pagode der Welt. In der Nähe der Pagode befindet sich auch die berühmte Mingun-Glocke, eine der größten hängenden Glocken der Welt.

Kyaiktiyo-Pagode

Pilger zu der goldenen Pagode, die auf einem Felsen balanciert. Es wird angenommen, dass ein Haar Buddhas den Felsen an seinem Platz hält.

Shwedagon-Pagode in Yangon

Die Pagode gilt als das heiligste buddhistische Bauwerk in Myanmar und soll Reliquien von vier früheren Buddhas beherbergen, darunter das Haar von Siddhartha Gautama, dem historischen Buddha.

Saddar-Höhle in Hpa-An

Bestaune in dieser Höhle buddhistische Statuen, unglaubliche Felsformationen und einen verlassenen Lagunensee.

»Das größte Buch der Welt« in der Kuthodaw-Pagode in Mandalay

Diese goldene Pagode ist von Hunderten Steintafeln umgeben, die das »größte Buch der Welt« bilden. Jede Tafel mit einer buddhistischen Schrift ist in eine eigene kleine Stupa eingelassen und bildet zusammen eine beeindruckende Sammlung religiöser Schriften.

Schwimmende Gärten am Inle-See in Taunggyi

Diese einzigartige landwirtschaftliche Sehenswürdigkeit, auch als »schwimmende Inseln« bekannt, besteht aus Wasserpflanzen und Erde. Die Einheimischen, die Intha, bauen auf diesen schwimmenden Plattformen eine Vielzahl von Gemüse an.

Sonnenaufgang über der U-Bein-Brücke

Genieße den morgendlichen Blick auf die längste Teakholz-Fußgängerbrücke der Welt. Die Brücke überspannt den Taungthaman-See, und in den frühen Morgenstunden spiegelt sich die aufgehende Sonne im Wasser, während die Brücke von Menschen und Mönchen belebt wird.

INDIEN

Chand Baori in Abhaneri

Bestaune dieses architektonische Meisterwerk, einen kunstvoll aus Stein gehauenen Stufenbrunnen, der als einer der tiefsten und größten seiner Art in Indien gilt.

Hawa Mahal (Palast der Winde) in Jaipur

Die 953 Fenster dieses Palastes machen ihn zu einer der schönsten Veranden der Welt.

Die Wurzelbrücken von Cherrapunjee

Besuche diese jahrhundertealten Brücken, die aus verworrenen Wurzeln gewachsen sind.

Die Skelette des Roopkund-Sees in Chamoli

Entdecke diesen See, in dem Hunderte von Skeletten aus dem 9. Jahrhundert liegen. Lange Zeit gab es zahlreiche Theorien über Herkunft und Todesursache dieser Menschen. Neuere wissenschaftliche Untersuchungen deuten darauf hin, dass die Menschen durch heftigen Hagel ums Leben kamen.

Goldener Tempel in Amritsar

Genieße eine Mahlzeit in diesem friedlichen Sikh-Gurudwara, in dessen vergoldeten Mauern täglich rund 100 000 kostenlose Mahlzeiten serviert werden.Dieses Symbol der Einheit und Nächstenliebe ist eines der bedeutendsten religiösen Zentren Indiens.

Jal Mahal in Jaipur

Der Palast steht zur Hälfte unter Wasser, was ihn umso spektakulärer macht. Der »Wasserpalast« ist ein architektonisches Meisterwerk, das die Pracht vergangener Zeiten widerspiegelt. Er liegt inmitten des Man Sagar Lakes. Diese einzigartige Konstruktion ermöglichte es den Maharadschas, den Palast für königliche Vergnügungen zu nutzen und gleichzeitig die Kühle des Sees zu genießen.

Ellora-Höhlen in Verul

Besichtige diesen Komplex aus vertikal ausgegrabenen monolithischen buddhistischen, jainistischen und hinduistischen Tempeln in der indischen Provinz Maharashtra.

Die Blaue Stadt Jodhpur

Entdecke diese Stadt am Rande der Wüste Thar, die durch die blaue Farbe ihrer Häuser berühmt ist, einst Kennzeichen der Kaste der Brahmanen.

Shatrunjaya-Hügel in Gheti

Steige Hunderte von Stufen hinauf, um die Tempel zu erreichen, die als Höhepunkt architektonischer Schönheit und spiritueller Bedeutung gelten. Shatrunjaya ist ein Symbol für Erleuchtung und spirituelles Wachstum im Jainismus.

Café Lota in Neu Delhi

Lerne dieses versteckte Juwel kennen, das für seine innovative Herangehensweise an die traditionelle indische Küche bekannt ist. Das Café befindet sich im National Craft Museum, was den Besuch zu einem kulturellen Erlebnis macht.

NEPAL

Trekking durch den Himalaya

Ob einfache Tageswanderung oder mehrwöchige Expeditionen, die Schönheit des Himalaya wird dich verzaubern.

Newari-Küche in Kathmandu

Lerne die lokale Küche kennen und probiere traditionelle Newari-Gerichte. Besonders empfehlenswert sind Choila (scharfe gegrillte Büffelstreifen) und Baji (geschlagener Reis).

Janaki Mandir in Janakpur

Besichtige den prächtigen Hindu-Tempel, der der Göttin Sita gewidmet ist. Besonders abends, wenn der Tempel beleuchtet ist und Hymnen durch die Luft schweben, ist der Besuch ein unvergessliches Erlebnis.

Ein Nashorn im Terai

Auf Safari im Chitwan- oder Bardia-Nationalpark kann man das majestätische Indische Panzernashorn, auch Einhornnashorn genannt, in seiner natürlichen Umgebung beobachten.

Swayambhunath, Kathmandu

Besuche eine der ältesten und heiligsten buddhistischen Stätten in Kathmandu und genieße die atemberaubende Aussicht. Der Tempel ist auch berühmt für die vielen Affen, die dort leben, was ihm den Spitznamen »Affentempel« eingebracht hat.

Sonnenaufgang in Nagarkot

Genieße die atemberaubende Lichtstimmung über der Himalaya-Kette mit dem Mount Everest und anderen hohen Gipfeln von diesem ruhigen Hügel in der Nähe von Kathmandu.

Besuch des Geburtsortes von Buddha

Siddhartha Gautama, besser bekannt als Buddha, wurde in Lumbini geboren. Besuche den Lumbini-Garten, ein weitläufiges Gelände mit Tempeln und Statuen, die von verschiedenen Ländern gestiftet wurden, um den Buddhismus zu repräsentieren.

Mountainbiken auf dem Annapurna Circuit

Entdecke die dramatischen Berglandschaften, traditionelle Dörfer und hohe Pässe. Die Herausforderung des Geländes macht diese Tour zu einem unvergesslichen Abenteuer für erfahrene Mountainbiker.

Kunsthandwerk und Textilien

Finde ein einzigartiges Souvenir aus Nepals reicher Handwerkstradition. Ob Mala-Perlenketten, Kleidung aus Dhaka-Stoff oder handgewebte Taschen.

Meditation im Kloster Tengboche

Erlebe innere Ruhe und Spiritualität bei einer Meditation in einem tibetisch-buddhistischen Kloster in der Everest-Region. Während der Meditation kann man die friedliche Atmosphäre und die Klänge der buddhistischen Gebete erleben. Das Kloster ist auch für das jährliche Mani Rimdu-Festival mit Maskentänzen und Zeremonien bekannt.

SRI LANKA

Felsen von Sigiriya

Erklimme den Felsen von Sigiriya, eine alte Steinburg, die von vielen als das achte Weltwunder angesehen wird. Genieße die Aussicht auf die umliegende Landschaft und entdecke die historischen Ruinen.

Udawalawe-Nationalpark

Beobachte riesige Herden asiatischer Elefanten beim Wandern, Baden und Entspannen. Nutze auch eine der vielen Picknickmöglichkeiten in der entspannten Umgebung des Parks, um die Tierwelt und die Natur zu genießen.

Jami Ul-Alfar Moschee (Rote Moschee) in Colombo

Diese beeindruckende Moschee im Stadtteil Pettah ist berühmt für ihre einzigartige rot-weiße Fassade, die maurische, indische und indo-islamische Baustile vereint.

Adam's Peak

Dieser Ort, der einst als Garten Eden galt, beherbergt den »Heiligen Fußabdruck«, der je nach Glaubensrichtung Buddha, Shiva, Adam oder dem heiligen Thomas zugeschrieben wird.

Schnorcheln am Shark Point Reef

Bewundere das klare Wasser und die Vielfalt des Meereslebens an diesem Riff, das ein idealer Ort ist, um Haie in ihrer natürlichen Umgebung zu beobachten.

Brief Garden in Kirantidiya

Lass dich von der exotischen Pflanzenwelt, den malerischen Wegen und den kunstvollen Skulpturen dieses versteckten Paradieses in der Nähe von Bentota inspirieren, das vom berühmten Landschaftsarchitekten und Künstler Bevis Bawa gestaltet wurde.

Pettah Floating Market in Colombo

Entdecke die farbenfrohe Atmosphäre und die Möglichkeit, lokale Produkte und Gerichte zu probieren. Der Markt bietet eine Vielzahl von Ständen und Geschäften auf Booten und schwimmenden Plattformen. Diese schaffen eine einzigartige Atmosphäre, welche sich hervorragend zum Bummeln und Fotografieren eignet.

Sonnenaufgang auf dem Pidurangala-Felsen

Frühaufsteher sollten ihre Wanderschuhe schnüren und um 5 Uhr morgens den Pidurangala-Felsen besteigen, um den Sonnenaufgang zu erleben.

Weltbester Zimt auf der Insel Ganduwa

Probiere den weltbesten Zimt, der im Süden Sri Lankas angebaut wird und leichter und süßer ist als der aus Indonesien und Vietnam.

Kottu Roti

Dieses beliebte Streetfood ist eine kohlenhydratreiche Mischung aus frischem Gemüse, übrig gebliebenem Roti (Fladenbrot) und Eiern sowie einer Auswahl an Fleisch oder Meeresfrüchten.

MALEDIVEN

Die Unterwasserwelt des Banana Reef

Tauche in eine atemberaubende Unterwasserwelt mit reicher Meeresfauna mit farbenprächtigen Korallen, Rifffischen in verschiedenen Formen und Größen, Barrakudas und gelegentlich sogar Haien.

Maldives National Museum in Malé

Lerne die reiche Geschichte und Kultur der Malediven kennen, indem du das Nationalmuseum besuchst. Hier findest du eine beeindruckende Sammlung von Artefakten aus prähistorischer Zeit bis zur Gegenwart.

Traditioneller Dhoni-Segelausflug

Bei einer Fahrt mit einem einheimischen Segelboot kannst du die atemberaubende Schönheit der maledivischen Atolle und das kristallklare Wasser des Indischen Ozeans erleben.

Einheimische Kultur auf der Insel Thulusdhoo

Besuche das Dorfzentrum und nimm an einem Workshop teil, bei dem du die Kunst des Dhoni-Bootsbaus kennenlernen und dich selbst an der Herstellung von Kokosnuss-Schnitzereien versuchen kannst.

Abendessen unter Wasser im Ithaa Undersea Restaurant

Genieße ein Gourmet-Menü, während du die atemberaubende Unterwasserwelt durch die Glaswände des Restaurants beobachtest.

Unberührte Natur auf dem Baa Atoll

Das Atoll, ein UNESCO Biosphärenreservat, ist ein Paradies für Naturliebhaber. Hier kann man eine Vielzahl von Meeresbewohnern beobachten, darunter Mantarochen und Meeresschildkröten.

Nachtfischexpedition

Fahre mit und erlebe den Nervenkitzel einer Nachtfischexpedition, einer traditionellen maledivischen Aktivität. Mit etwas Glück kannst du einen Fang machen und ihn anschließend am Strand grillen.

Lokaler Markt in Malé

Lass dich vom pulsierenden Leben mitreißen und kaufe frische Meeresfrüchte, exotische Früchte, Gemüse oder handgefertigte Souvenirs.

Privates Picknick auf einer Sandbank

Die perfekte Gelegenheit, die atemberaubende Schönheit der Malediven in absoluter Ruhe und Abgeschiedenheit zu genießen.

Bio-Light Kajak Tour

Lass dich von der Magie der Biolumineszenz bei einer nächtlichen Kajaktour verzaubern. Dabei leuchtet das Wasser um dich herum blau. Bei diesem faszinierenden Naturschauspiel geben winzige Meeresorganismen wie Plankton und Algen Licht ab, wenn sie durch Bewegung oder Reibung gestört werden. Dies geschieht aufgrund chemischer Reaktionen in ihrem Körper, bei denen Licht freigesetzt wird.

Afrika

ÄGYPTEN

Traditionelles Leben in einem nubischen Dorf in Aswan

Besuche das malerische Dorf Gharb Soheil am Ufer des Nils und tauche ein in die faszinierende Kultur der Nubier. Erkunde das Dorf zu Fuß und erfahre, wie die Einheimischen leben und arbeiten.

Nachttauchen im Roten Meer bei Marsa Alam

Die mysteriöse Unterwasserwelt und ihre nächtlichen Bewohner in einem der besten Tauchgebiete der Welt kennenlernen.

Unterwelt im Tal der Goldenen Mumien

Das 1995 in der Oase Bahariya entdeckte Tal ist eine der größten und spektakulärsten Entdeckungen der jüngeren ägyptischen Archäologie. Die Mumien sind bekannt für ihre goldenen Gesichtsmasken und die kunstvollen Darstellungen auf den Särgen.

Unterwasserstadt Herakleion

Tauche in die versunkene Stadt Herakleion vor der Küste Alexandrias und bestaune antike Ruinen und Statuen unter Wasser.

Nassersee zu den Tempeln von Abu Simbel

Segle zu den majestätischen Tempeln von Abu Simbel, die sich imposant über dem Nassersee erheben, und genieße die Fahrt auf dem See.

Kamelkarawane in der Weißen Wüste

Erlebe eine traditionelle Kamelkarawane in der Weißen Wüste und übernachte in einem Beduinenzelt unter dem Sternenhimmel.

Private Dinner auf dem Dach eines Wolkenkratzers in Kairo

Genieße ein exklusives Abendessen auf dem Dach eines Wolkenkratzers in Kairo mit einem faszinierenden Blick über die Stadt.

Gassen von Siwa

Entdecke die charmante Oasenstadt mit ihrer traditionellen Architektur aus Kershef, einer Mischung aus Salzgestein und Lehm. Schlendere durch die engen, verwinkelten Gassen mit ihren malerischen Innenhöfen.

Die Schwarze Wüste mit ihren bizarren Vulkanformationen

Fahre in die Schwarze Wüste und bestaune die außergewöhnlichen vulkanischen Gesteinsformationen, die wie Skulpturen aussehen.

Magische Stille in der Wüste von Bahariya

Mache eine einzigartige Erfahrung, indem du in der Wüste von Bahariya stehst und die erstaunliche Stille der Wüste genießt, die nur gelegentlich von einem Windhauch unterbrochen wird. Die fast vollständige Abwesenheit von Geräuschen, die normalerweise in urbanen Gebieten zu hören sind, ermöglicht eine tiefe Verbindung mit der Natur und der Wüste.

TUNESIEN

Amphitheater von El Djem

Besuche eines der größten und am besten erhaltenen römischen Amphitheater Nordafrikas, das einst Schauplatz von Gladiatorenkämpfen war und heute zum UNESCO-Weltkulturerbe gehört.

Blaue Stadt Sidi Bou Said

Entdecke die malerischen Gassen und die einzigartige blau-weiße Architektur, die die Stadt zu einem wahren Kunstwerk machen.

Oasenstadt Tozeur

Spaziere durch eine der größten Oasen Nordafrikas mit üppiger, grüner Landschaft inmitten der Wüste. Die Oase ist reich an Dattelpalmen, und ein Streifzug durch die Palmenhaine ist ein erfrischendes Erlebnis.

Höhlenwohnungen von Matmata

Die Höhlenwohnungen sind in den weichen Fels gegraben und bieten eine natürliche Isolierung gegen die Hitze und Kälte der Wüste. Sie dienten unter anderem als Kulisse für berühmte Filme wie »Star Wars«.

Wüstensafari in den Sanddünen von Douz

Erlebe eine abenteuerliche Wüstensafari in den goldenen Sanddünen und übernachte in einem Beduinenzelt unter dem Sternenhimmel.

Amphitheater von Dougga

Erkunde die antiken Ruinen von Dougga, darunter das beeindruckende Amphitheater, und tauche ein in die reiche römische Geschichte Tunesiens.

Traditionelle Küche in der Medina von Tunis

Beginne deine kulinarische Tour am besten am frühen Nachmittag, wenn die Garküchen ihre Türen öffnen. Probiere unbedingt das Nationalgericht Couscous, das oft mit Lamm, Gemüse und einer würzigen Sauce serviert wird.

Chott el Jerid Salzsee

Erlebe den beeindruckenden Chott el Jerid, einen riesigen Salzsee in der tunesischen Wüste, der je nach Lichtverhältnissen verschiedene Farben annimmt. Während des Tages kann der See durch die intensive Sonneneinstrahlung und die Salzkristalle weiß schimmern. Bei Sonnenuntergang schimmert der See in verschiedenen Rosa-, Orange- und Rottönen. Dieses Farbenspiel entsteht durch das einfallende Sonnenlicht, das von den Salzkristallen reflektiert wird.

Ruinen von Karthago

Gewinne tiefe Einblicke in die faszinierende Geschichte Karthagos, eines einst mächtigen Handelszentrums, und besichtige seine beeindruckenden Ruinen.

Sidi Sahbi Mausoleum in Kairouan

Sidi Sahbi war ein Gefährte des Propheten Mohammed und wird in der islamischen Welt hoch verehrt. Sein Grab ist daher eine wichtige Pilgerstätte für Muslime.

MAROKKO

Berberdörfer im Atlasgebirge

Entdecke die unberührte Kultur der Berber und erkunde abgelegene Dörfer, die sich in den grünen Tälern des Atlasgebirges verstecken.

Farbenfrohes Chefchaouen

Lass dich von der magischen Atmosphäre der blauen Stadt Chefchaouen verzaubern, deren weiß-blau getünchte Häuser eine einzigartige Kulisse bilden. Die Altstadt gleicht einem Labyrinth aus engen Gassen. In den zahlreichen Souks werden Kunsthandwerk und lokale Produkte angeboten.

Quad-Tour in der Agafay-Wüste

Spüre den Nervenkitzel einer Quad-Tour in der Agafay-Wüste und erlebe die beeindruckende Wüstenlandschaft abseits der ausgetretenen Pfade.

Königsstädte Marrakesch, Fès und Rabat

Erlebe die faszinierende Geschichte und die prachtvolle Architektur der Königsstädte und genieße den Charme dieser historischen Orte.

Die Oase Skoura und die Kasbahs

Wandere durch üppige Palmenhaine und entdecke historische Kasbahs. Diese bieten nicht nur einen Einblick in die traditionelle marokkanische Architektur, sondern erzählen auch Geschichten über die lokale Kultur.

Heißluftballonfahrt über Marrakesch

Genieße die Mischung aus quirliger Stadt, ruhigen Palmenhainen und dem imposanten Atlasgebirge im Hintergrund aus der Vogelperspektive.

Schluchten des Dadès-Tals

Eine Fototour durch die abwechslungsreiche Landschaft mit steilen Schluchten, sanften Flussufern und grünen Oasen.

Tajine-Kochkurs

Lerne, wie man eine marokkanische Tajine zubereitet, ein schmackhaftes Eintopfgericht, das typischerweise aus einer Mischung von Lamm-, Hühner- oder Rindfleisch, Gemüse, Gewürzen und manchmal Trockenfrüchten besteht. Sie verdankt ihren Namen dem konischen Tongefäß, in dem sie gekocht wird.

Hammam-Besuch in Marrakesch

Nutze die einmalige Gelegenheit, in die lokale Kultur einzutauchen und dir gleichzeitig etwas Gutes zu tun. Ein Besuch im Hammam ist nicht nur ein reinigendes Ritual, sondern auch eine tief entspannende Erfahrung, die Körper und Geist regeneriert.

Fischerdorf Essaouira

Entdecke das charmante Fischerdorf Essaouira, spaziere entlang der historischen Stadtmauer und genieße den Blick auf den Atlantik. Durch die konstanten Winde am Strand ist der Ort außerdem hervorragend zum Windsurfen und Kitesurfen geeignet.

SENEGAL

Der farbenfrohe Retba-See (Lac Rose)

Lass dich von dem magischen Phänomen des rosafarbenen Sees verzaubern, dessen Salzgehalt mit dem des Toten Meeres vergleichbar ist. Durch die hohe Dichte des Wassers kann man leicht auf der Oberfläche treiben, ein entspannendes Erlebnis.

Wüste von Lompoul

Unternimm eine aufregende Wüstensafari und genieße das Abenteuer in den goldenen Sanddünen der Wüste von Lompoul.

Tierwelt im Bandia-Park

Auf Safari im Bandia-Park Zebras, Giraffen, Strauße und Büffel in ihrer natürlichen Umgebung beobachten.

Île de Fadiouth

Über Jahrhunderte haben sich die Schalen von Meeresfrüchten, die von den Einheimischen verzehrt wurden, angesammelt und bilden heute den Boden der Insel.

Casamance

Entdecke die kulturelle Vielfalt und die natürliche Schönheit der Casamance, ein idealer Ort, um die senegalesische Gastfreundschaft zu erleben. Diese Region im Süden Senegals ist bekannt für ihre grüne Landschaft und die verschiedenen ethnischen Gruppen, die dort leben.

Strände von Saly

Genieße die entspannte Atmosphäre an den Stränden von Saly, dem größten Badeort Westafrikas.

Kulturelle Vielfalt in Saint-Louis

Besuche die ehemalige Hauptstadt von Französisch-Westafrika mit ihrer reichen Kolonialgeschichte, die sich in der Architektur widerspiegelt. Die Gebäude aus dem 18. und 19. Jahrhundert sind oft zweistöckig, bunt bemalt und mit gusseisernen Balkonen und Veranden ausgestattet. Die typische Kolonialarchitektur mit französischen Einflüssen ist in der Altstadt besonders gut erhalten.

Île de Gorée

Vom 15. bis zum 19. Jahrhundert war die Insel eines der größten Zentren des Sklavenhandels an der westafrikanischen Küste. Für Menschen afrikanischer Abstammung in aller Welt ist sie ein wichtiges Symbol und ein Ort der Besinnung und des Gedenkens an ihre Vorfahren und das Leid, das sie ertragen mussten.

Lebendige Hauptstadt Dakar

Tauche ein in das pulsierende Leben der Hauptstadt Dakar und besuche das Théodore Monod Museum für afrikanische Kunst.

Traditionelles Konzert mit senegalesischen Künstlern

Lerne die mitreißende Musiktradition der Griots kennen und lass dich von den Klängen bekannter senegalesischer Künstler wie Youssou N'Dour und Baaba Maal verzaubern.

GHANA

Cape Coast Castle

Ursprünglich im 17. Jahrhundert von den Schweden für den Handel mit Timbuktu erbaut, wurde das Schloss später zur Drehscheibe des transatlantischen Sklavenhandels. Ein Besuch bietet tiefe Einblicke in die dunklen Kapitel der Menschheitsgeschichte und schärft gleichzeitig das Bewusstsein für die Notwendigkeit von Toleranz und Verständnis.

Kakum-Nationalpark

Wage eine aufregende Wanderung über den atemberaubenden Canopy Walkway und tauche ein in den grünen Dschungel des Nationalparks.

Emancipation Day Festival im Kwame Nkrumah Memorial Park

Feiere die lebendige Kultur Ghanas beim Emancipation Day Festival am 1. August.

Küstenstadt Jamestown

Besuche die historische Stadt Jamestown und bewundere den malerischen Leuchtturm, der einen atemberaubenden Blick auf das Meer bietet.

Safari Valley Resort

Entspanne in diesem luxuriösen, umweltfreundlichen Resort und erlebe die einzigartige Kombination aus Natur und Erholung.

Farbenfroher Makola Market

Lass dich vom bunten Treiben auf dem Makola Market faszinieren und genieße die Vielfalt der Produkte und das geschäftige Treiben.

W.E.B. Du Bois Centre, Accra

Erfahre mehr über die Geschichte der afrikanischen Diaspora und die Arbeit von W.E.B. Du Bois, einem prominenten afroamerikanischen Gelehrten, der einen Großteil seines Lebens dem Kampf gegen Rassismus und für die Rechte der Afroamerikaner widmete.

Ghanaische Straßenküche

Probiere die vielfältigen und köstlichen Leckereien an den Straßenständen, zum Beispiel die traditionellen Bofrots, süße, frittierte Teigbällchen.

Osu Oxford Street, Accra

Schlendere abends durch diese lebhafte Straße, die das Herz des Nachtlebens der Stadt bildet. Hier gibt es zahlreiche Bars, Clubs und Restaurants mit lokaler und internationaler Küche.

Farbenfrohe Festivals

Nutze die großartige Gelegenheit, verschiedene Aspekte der Kultur, von historischen Traditionen bis hin zu zeitgenössischer Musik, kennenzulernen. Das »Asafotufiam Festival« der Ga-Adangbe-Gemeinschaft feiert Kriegertraditionen. Das »Panafest« in Cape Coast ehrt die afrikanischen Wurzeln. Das »Homowo Festival« der Ga-Gemeinschaft feiert die Erntezeit.

UGANDA

Gorilla Trekking im Bwindi Impenetrable National Park

Auf einer unvergesslichen Tour durch den Bwindi Impenetrable National Park kann man die faszinierenden Berggorillas in ihrer natürlichen Umgebung hautnah erleben.

Kidepo Valley

Entdecke die unberührte Pracht des Nationalparks mit seiner spektakulären Landschaft und reichen Tierwelt. Erwarte Elefanten, Büffel, Giraffen, Löwen sowie seltene Tierarten wie Streifengnus, Tsessbe-Antilopen und Rothschild-Giraffen.

Heißluftballonfahrt über die Savanne

Bei einer atemberaubenden Ballonfahrt kann man die weiten Graslandschaften, Akazienwälder und Flussläufe in ihrer ganzen Pracht bewundern.

Kultur- und Kunsttour in Kampala

Tauche ein in das lebendige kulturelle Leben Kampalas und besuche Kunstgalerien, lokale Märkte und traditionelle Tanzveranstaltungen.

Rafting auf dem Weißen Nil

Genieße den Nervenkitzel beim Wildwasser-Rafting auf dem Weißen Nil, einem der besten Flüsse der Welt für diese abenteuerliche Aktivität. Der Weiße Nil ist ein wichtiger Nebenfluss des Nils und zeichnet sich durch ruhige Gewässer und spektakuläre Stromschnellen aus.

Wanderung zum Mount Elgon

Wandere zum Mount Elgon, einem erloschenen Vulkan, und genieße den spektakulären Sonnenaufgang vom Gipfel aus. Mit einer Höhe von etwa 4.321 Metern über dem Meeresspiegel ist er der viertgrößte Berg Afrikas.

Sipi Wasserfälle

Ein Spaziergang zu den drei Wasserfällen bietet ein einzigartiges Erlebnis, von hohen, schmalen Wasserfällen bis zu breiteren, schäumenden Kaskaden.

Ugandischer Kochkurs

Entdecke die Aromen der Landesküche und lerne, wie man das traditionelle Gericht Matooke zubereitet. Matooke, oft als Nationalgericht bezeichnet, ist eine herzhafte Mahlzeit, die aus gedünsteten grünen Bananen besteht.

Kulturelle Begegnung mit den Batwa-Pygmäen

Lerne die Batwa-Pygmäen im Bwindi-Impenetrable-Nationalpark kennen. Unterstütze den Erhalt ihrer Traditionen und schaffe eine nachhaltige Einkommensquelle für die Gemeinschaft.

Sundowner am Lake Albert

Genieße einen entspannten Abend am Ufer des Sees, während die Sonne untergeht und die atemberaubende Kulisse einen unvergesslichen Anblick bietet. Der Süßwassersee ist von großer Bedeutung für die Tierwelt der Region und beheimatet verschiedene Vogelarten, Krokodile und Flusspferde.

RUANDA

Sternenbeobachtung im Akagera-Nationalpark

Eine Nacht unter dem Sternenhimmel an einem Ort mit geringer Lichtverschmutzung in der Wildnis des Parks ermöglicht einen klaren Blick auf die Milchstraße und unzählige Sterne.

Kajakfahren auf dem Kivu-See

Paddel auf dem ruhigen Wasser eines der größten Seen Afrikas. Hier kann man die Ruhe genießen, kleine Fischerdörfer entdecken und vielleicht sogar einheimische Vogelarten beobachten.

Kigali Genocide Memorial

Versetze dich in die Geschichte Ruandas und erfahre im Kigali Genocide Memorial mehr über die Ursprünge und die Geschichte des Völkermordes von 1994.

Wanderung zum Mount Bisoke

Diese Tageswanderung führt durch eine abwechslungsreiche Landschaft mit üppigen Regenwäldern und alpiner Heidelandschaft zum atemberaubenden Kratersee auf dem Gipfel.

Teepflücken in den Teefeldern von Gisovu

Lerne den Prozess der Teeproduktion kennen und versuche dich selbst als Teepflücker in den malerischen Teefeldern von Gisovu.

Nyungwe Forest Canopy Walkway

Wage dich auf diesen Hängebrücken-Parcours, der in über 50 Metern Höhe über dem Waldboden verläuft und eine einzigartige Perspektive auf einen der größten Bergregenwälder Afrikas und seine Bewohner bietet.

Nyungwe Cultural Walk

Auf einer geführten Wanderung durch den Nyungwe Forest erfährt man mehr über die lokale Flora und Fauna sowie die Bräuche der dort lebenden Gemeinschaften. Der Wald ist die Heimat verschiedener Gemeinschaften, darunter die Batwa-Pygmäen. Die Batwa geben ihr Wissen über Flora und Fauna weiter und vermitteln die enge Beziehung zwischen Mensch und Natur. Dies fördert das Bewusstsein für Naturschutz und Bedeutung der Erhaltung dieses einzigartigen Ökosystems.

Traditioneller Kochkurs

Kochkurse in Ruanda bieten oft die Möglichkeit, mit Einheimischen in Kontakt zu kommen und fördern so das Verständnis für andere Kulturen.

Mountainbike-Tour entlang des Ruhondo-Sees

Erkunde die umliegende Landschaft entlang des malerischen Sees auf einer Mountainbike-Tour.

Iby'Iwacu Cultural Village

Nutze die einmalige Gelegenheit, das Erbe der verschiedenen ruandischen Stämme kennenzulernen. Während deines Besuchs kannst du an traditionellen Tänzen und Musikaufführungen teilnehmen.

KENIA

Gnuwanderung im Masai-Mara-Nationalpark

Erlebe das atemberaubende Naturschauspiel, wenn Millionen von Gnus, Zebras, Elefanten und Giraffen durch die hügelige Savanne ziehen, begleitet von Raubtieren wie Löwen und Hyänen.

Kulturelle Begegnung mit Maasai-Kriegern

Lerne die faszinierende Kultur der Maasai kennen und verbringe Zeit mit Maasai-Kriegern, um ihre traditionelle Lebensweise, Tänze und Bräuche zu erleben. Die Massai sind Halbnomaden, die Viehzucht betreiben und in einfachen Hütten aus Kuhdung leben. Sie sind stolz auf ihre Gastfreundschaft und geben gerne Einblick in ihre Lebensweise.

Elefantenbeobachtung im Amboseli-Nationalpark

Auf einer unvergesslichen Safari kann man majestätische Elefanten in ihrer natürlichen Umgebung beobachten, während sie vor der beeindruckenden Kulisse des Kilimandscharo, dem höchsten Berg Afrikas, grasen.

Heißluftballonfahrt über das Samburu-Nationalreservat

Im Gegensatz zur traditionellen Safari am Boden bietet die Ballonfahrt eine völlig andere Perspektive. Man kann die Bewegungen der Tiere aus der Luft verfolgen und einzigartige Fotomotive einfangen. Neben den Wanderungen der Elefantenherden kann man auch die Bewegungen von Giraffen, Antilopen und vielen anderen Wildtieren verfolgen.

Giraffenzentrum in Nairobi

Besuche das Giraffenzentrum in Nairobi und habe die einmalige Gelegenheit, die Rothirschgiraffen hautnah zu erleben, sie zu füttern und mehr über ihre Bedeutung für den Artenschutz zu erfahren.

Tauchen mit Walhaien am Diani Beach

In den Gewässern vor Diani Beach hast du die Chance, mit sanften Riesen zu schwimmen – den Walhaien, einem der beeindruckendsten Meeresbewohner.

Wanderung auf den Mount Kenya

Erklimme den Mount Kenya, den zweithöchsten Berg Afrikas, und genieße spektakuläre Ausblicke auf die umliegende Landschaft.

Kaffeefarmen im Hochland

Erlebe auf einer Kaffeefarm den gesamten Verarbeitungsprozess vom Pflücken über das Trocknen bis hin zum Rösten der Kaffeebohnen.

Nairobi-Nationalpark bei Nacht

Auf einer spannenden Nachtsafari kannst du nachtaktive Tiere wie Löwen, Leoparden und Hyänen in ihrer natürlichen Umgebung beobachten.

Kajakfahren auf dem Lake Naivasha

Genieße die Ruhe des Sees und die Möglichkeit, Nilpferde und Eidechsen zu beobachten. Außerdem beherbergt er mit über 400 Arten eine große Vogelvielfalt.

TANSANIA

Gewürztour auf Sansibar

Erkunde die Gewürzplantagen auf Sansibar und lerne mehr über die Geschichte und den Anbau exotischer Gewürze wie Zimt, Nelken und Vanille.

Ngorongoro Krater

Für Vogelbeobachter ist der Krater ein wahres Paradies. Mit über 500 Vogelarten, darunter Flamingos am Lake Magadi, bietet er ein spektakuläres Beobachtungserlebnis.

Segeltörn auf dem Indischen Ozean

Bei einem Segeltörn mit einem traditionellen Dhow-Boot kann man das kristallklare Wasser genießen. Die historischen Boote bieten ein authentisches Erlebnis und eine Verbindung zur lokalen Kultur.

Dschungelwanderung im Mahale-Mountains-Nationalpark

Unternimm eine abenteuerliche Wanderung durch den Mahale-Mountains-Nationalpark und beobachte Schimpansen in ihrer natürlichen Umgebung.

Sonnenaufgang am Kilimandscharo

Auf einer anspruchsvollen Wanderung zum Gipfel des Kilimandscharo, dem höchsten Berg Afrikas, kann man den atemberaubenden Sonnenaufgang vom Uhuru Peak aus erleben.

Nachtwanderung im Usambara-Gebirge

Erlebe die geheimnisvolle Welt des Regenwaldes bei Nacht und entdecke seltene nachtaktive Tiere und Pflanzen. Das Usambara-Pfeilkraut (Impatiens usambarensis), bekannt für seine gelben Blüten, ist endemisch in den Usambara-Bergen in Tansania. Interessanterweise ist diese Art auch in Europa heimisch geworden, vor allem in Regionen mit ähnlichen klimatischen Bedingungen. Dies zeigt die Anpassungsfähigkeit dieser Pflanze, in verschiedenen Umgebungen zu gedeihen.

Tauchen im Mafia Island Marine Park

Stürze dich in die bunte Unterwasserwelt des Mafia Island Marine Parks und entdecke die Vielfalt der Korallen und Meereslebewesen.

Tarangire-Nationalpark

Auf einer Safari kannst du die großen Elefantenherden beobachten, die sich während der Trockenzeit zu Hunderten am Ufer des Tarangire versammeln.

Bagamoyo

Entdecke die Kultur- und Kunstszene in einer historischen Stadt mit reicher Geschichte und einer lebendigen Kunstszene, die einst ein wichtiger Handelshafen und ein Zentrum des Sklaven- und Elfenbeinhandels war.

Bootssafari im Selous Wildreservat

Erlebe eine aufregende Bootstour im Selous Wildreservat und entdecke Flusspferde, Krokodile und eine Vielzahl von Vögeln entlang des Flussufers.

SIMBABWE

Kanu-Safari im Mana-Pools-Nationalpark

Erkunde die unberührte Natur auf einer aufregenden Kanu-Tour entlang des Zambezi Flusses und erlebe die reiche Tierwelt und atemberaubende Landschaft hautnah.

Great Zimbabwe

Diese alte Stadt war einst das Zentrum des Königreichs Zimbabwe, das zwischen dem 11. und 15. Jahrhundert seine Blütephase hatte. Die Ruinen bestehen aus massiven Steinmauern, die ohne Mörtel errichtet wurden.

Pferdesafari im Matobo-Nationalpark

Auf sanften Pferden durch die Wildnis reiten und die eindrucksvolle Landschaft erkunden. Halte auf deiner Safari im Park Ausschau nach den majestätischen Schwarzadlern.

Hwange-Nationalpark

Neben Elefanten sind hier auch die anderen Mitglieder der »Big Five« – Löwen, Leoparden, Nashörner und Büffel – zu Hause, was den Nationalpark zu einem erstklassigen Ziel für Wildtierbeobachtungen macht.

Felsmalereien von Chinhoyi

Die prähistorischen Kunstwerke stammen vermutlich von den San (Buschmännern), die vor Tausenden von Jahren in diesem Gebiet lebten. Sie geben Einblick in die Lebensweise und den spirituellen Glauben der Ureinwohner.

Chirinda-Schutzgebiet

Der südlichste Regenwald Afrikas ist bekannt für seine einzigartige Flora und Fauna, darunter riesige Mahagonibäume, die zu den größten und ältesten Exemplaren der Region zählen.

Sonnenaufgang in den Eastern Highlands

Von einem Berggipfel aus kann man beobachten, wie die ersten Sonnenstrahlen die Täler und Hügel in goldenes Licht tauchen. Spektakuläre Berge sind zum Beispiel die Chimanimani Bergkette und der Nyanga-Nationalpark.

Batoka Schlucht

Der Sambesi bietet einige der besten und anspruchsvollsten Raftingstrecken der Welt. Die Schlucht mit ihren beeindruckenden Wasserfällen und steilen Felswänden, mit wilden Stromschnellen und tiefem Wasser ist eine Herausforderung für Abenteuerlustige.

Victoriafälle

Die Victoriafälle sind die größten Wasserfälle der Welt, gemessen an der Kombination aus Breite (1708 Meter) und Höhe (108 Meter), was einen unglaublich spektakulären Anblick bietet.

Dorfleben auf einem traditionellen Homestead

Bei einem Besuch in einem traditionellen Homestead kannst du in das authentische Leben eines simbabwischen Dorfes hineinversetzt werden und die Kultur und Lebensweise der Einheimischen kennenlernen.

SÜDAFRIKA

Magaliesberge

Diese Bergkette ist bekannt für ihre atemberaubende Naturschönheit mit vielfältigen Tälern, üppiger Vegetation und beeindruckenden Felsformationen, die über 2 Milliarden Jahre alt sind.

Safari im Krüger-Nationalpark

Erlebe eine unvergessliche Safari im Krüger Nationalpark und habe die einmalige Chance, die legendären »Big Five« und eine Vielzahl anderer faszinierender Tierarten in ihrer natürlichen Umgebung zu beobachten.

Tsitsikamma National Park und seine Hängebrücken

Spüre die sanften Schwingungen beim Überqueren einer der Brücken über der Mündung des Storms River, einem spektakulären Ort, an dem der Fluss in den Indischen Ozean mündet.

Robben Island Tour

Bei einem Besuch auf Robben Island, wo einst Nelson Mandela inhaftiert war, erfährt man mehr über die bewegende Geschichte Südafrikas und den Kampf gegen die Apartheid.

Wanderung zum Tafelberg in Kapstadt

Erklimme den ikonischen Tafelberg und belohne dich mit einem atemberaubenden Panoramablick über Kapstadt und die umliegende Landschaft.

Weinverkostung in Stellenbosch

Genieße die reiche Weinkultur Südafrikas bei einer Weinverkostungstour durch die malerischen Weinberge von Stellenbosch. Sie bieten eine große Vielfalt an Rebsorten, darunter Cabernet Sauvignon, Merlot, Shiraz und Pinotage. Diese Sortenvielfalt ermöglicht es Weinliebhabern, eine große Auswahl an Weinen zu probieren.

Bungee-Jumping an der Bloukrans-Brücke

Für Adrenalinjunkies bietet sich ein Bungee-Sprung von der höchsten kommerziellen Bungee-Brücke der Welt an – ein Nervenkitzel der Extraklasse.

Cango Caves in Oudtshoorn

Entdecke die faszinierenden Höhlen, die erst im 18. Jahrhundert entdeckt wurden, aber wahrscheinlich schon seit Jahrtausenden den indigenen San-Völkern bekannt waren.

Kulturelle Tour durch das Township Soweto

Tauche ein in das lebendige und historische Soweto, besuche lokale Märkte und erfahre mehr über das Leben in einem südafrikanischen Township.

Delfinbeobachtung in Plettenberg Bay

Auf einer aufregenden Bootsfahrt vor der Küste kann man die faszinierenden Delfine in ihrem natürlichen Lebensraum beobachten. Die hier am häufigsten vorkommende Delfinart ist der Bottlenose Delfin. Sie zeichnen sich durch ihre charakteristische graue Farbe und ihr neugieriges Wesen aus sowie für ihre Verspieltheit und ihre akrobatischen Sprünge.

NAMIBIA

Safari im Etosha-Nationalpark

Erlebe eine unvergessliche Safari in einem der schönsten Wildreservate Afrikas. Beobachte Elefanten, Nashörner, Löwen und viele andere Tiere in ihrem natürlichen Lebensraum.

Namib Wüste

Entdecke eine der ältesten Wüsten der Welt und die Heimat einiger der höchsten Sanddünen, darunter die berühmte »Big Daddy«. Klettere auf die Dünen und genieße die atemberaubende Aussicht über die endlose Wüstenlandschaft.

Nachthimmel über Sossusvlei

Die klare, unverschmutzte Luft in der spektakulären Landschaft der Namib Wüste bietet nachts einen atemberaubenden Blick auf die Sterne.

Fish River Canyon

Aufregende Wanderung durch den Fish River Canyon, den zweitgrößten Canyon der Welt. Obwohl die Canyon-Region trocken und rau ist, beherbergt sie eine Vielzahl von Wildtieren, darunter Zebras, Springböcke, Klippschliefer und zahlreiche Vogelarten.

Besuch bei den Himba

Tauche ein in die faszinierende Kultur der Himba, einem indigenen Volk in Namibia, und lerne ihre traditionelle Lebensweise und einzigartigen Bräuche kennen.

Quadbiking in den Dünen von Swakopmund

Genieße den Adrenalinkick bei einer rasanten Quad-Bike-Tour durch die Sanddünen und die atemberaubende Aussicht auf die Küstenlandschaft. Swakopmund hat auch einen wunderschönen Strand, der zum Entspannen einlädt. Hier kann man spazieren gehen, Muscheln sammeln oder das erfrischende Wasser des Atlantiks genießen.

Kajakfahren auf dem Kunene

Entdecke den malerischen Kunene-Fluss mit dem Kajak und genieße eine entspannte Fahrt entlang der Grenze zwischen Namibia und Angola.

Felsgravuren in Twyfelfontein

Die Felsgravuren in Twyfelfontein sind über 6000 Jahre alt. Sie wurden von den San und späteren indigenen Völkern geschaffen und sind damit ein wichtiges Zeugnis früher menschlicher Besiedlung und künstlerischer Ausdrucksformen.

Wüstentour mit den San

Begleite die San (Buschmänner) auf einer faszinierenden Wüstentour und lerne von ihnen wertvolle Überlebenstechniken in der Wüste. Erfahre mehr über ihre traditionelle Lebensweise und ihre Verbundenheit mit der Natur.

Bootstour in Walvis Bay

Beobachte Delfine, Robben und Pelikane in ihrem natürlichen Lebensraum. Mit etwas Glück kann man auch Wale in den Gewässern vor der Küste Namibias entdecken.

BOTSWANA

Mokoro-Tour im Okavangodelta

Gleite bei einer traditionellen Mokoro-Tour mit dem Einbaum sanft durch die Wasserwege des Deltas und beobachte die reiche Vogel- und Tierwelt.

Kulturelles Dorfleben in der Kalahari

Lerne die faszinierende Kultur der San Buschmänner in der Kalahari-Wüste kennen und erfahre mehr über ihre traditionelle Lebensweise, ihre Jagdtechniken und ihre Verbindung zur Natur.

Wanderung durch die Tsodilo Hills

Entdecke die historischen Felsmalereien und die spirituelle Bedeutung der Tsodilo Hills auf einer geführten Wanderung durch das UNESCO-Weltnaturerbe.

Chobe-Nationalpark

Erlebe eine aufregende Wildbeobachtungstour im Chobe-Nationalpark, einem der besten Orte in Afrika, um Elefantenherden und andere Tiere aus nächster Nähe zu beobachten.

Kanufahren auf dem Selinda Canoe Trail

Beim Paddeln auf den ruhigen Gewässern kann man eine Vielzahl von Wildtieren beobachten, darunter Elefanten, Büffel, Löwen, Leoparden, Wildhunde und zahlreiche Vogelarten.

Sternenbeobachtung in der Kalahari-Wüste

Fern von den Lichtern der Großstadt bietet die Kalahari-Wüste einen unvergesslichen Sternenhimmel in klarer, dunkler Nacht.

Sonnenaufgangswanderung auf Kubu Island

Beginne den Tag mit einer Wanderung durch die Makgadikgadi-Salzpfannen, um den Sonnenaufgang über den majestätischen Affenbrotbäumen zu erleben.

Moremi-Wildreservat

Das Wildreservat zeichnet sich durch eine einzigartige Kombination aus natürlichen Wasserläufen und trockenen Landflächen aus, die eine außergewöhnliche Vielfalt an Tieren und Pflanzen beherbergen.

Besuch der Batswana-Dörfer

Lerne die Kultur der Batswana kennen und erlebe das Dorfleben aus erster Hand, indem du lokale Gemeinschaften besuchst und mehr über ihre Bräuche und Traditionen erfährst.

Flussfischen im Okavangodelta

Nimm an einer geführten Flussfischexpedition teil, um die einheimischen Fischarten des Okavangodeltas zu fangen und mehr über die lokale Ökologie zu erfahren. Das Okavangodelta ist das größte Binnendelta der Welt und ein Paradies für Vogelbeobachter. Mit über 400 Vogelarten, darunter malerische Wasservögel wie Reiher und Störche, gibt es viel zu entdecken.

LESOTHO

Reiten durch die Maloti-Berge

Erkunde das malerische Hochland auf dem Rücken eines Pferdes und erlebe steile Klippen, tiefe Täler, sanfte Hügel und weite Ebenen.

Fliegenfischen in den Gebirgsflüssen

Wer in den kristallklaren Flüssen des Landes mit der Fliege angelt, kann sich an der Kampfkraft der verschiedenen Forellenarten erfreuen.

Thaba-Bosiu National Monument

Besuche das Nationaldenkmal des Landes. Die Bergfestung war Anfang des 19. Jahrhunderts die Festung von Moshoeshoe I, dem Gründer der Basotho-Nation.

Sternenbeobachtung im Ts'ehlanyane National Park

Genieße eine unvergessliche Nacht unter dem perfekten Sternenhimmel, der durch die Kombination von Höhe, klarem Himmel und minimaler Lichtverschmutzung entsteht. Das Kreuz des Südens (Crux), der Skorpion (Scorpius), der Südliche Fisch (Piscis Austrinus) und der Zentaur (Centaurus) sind charakteristisch für die südliche Hemisphäre.

Fahrt über den Sanipass

Wage eine aufregende Fahrt mit dem Geländewagen über den legendären Sanipass und genieße spektakuläre Ausblicke auf die umliegenden Berge.

Sonnenaufgang am Katse-Staudamm

Erlebe einen unvergesslichen Sonnenaufgang am Katse-Staudamm und bewundere das glitzernde Wasser und die umliegende Berglandschaft.

Trekking im Sehlabathebe-Nationalpark

Wandere durch weite Graslandschaften, wilde Blumenwiesen, dramatische Sandsteinformationen vorbei an malerischen Bergseen.

Wanderung zum Maletsunyane-Wasserfall

Bei dieser Wanderung kannst du nicht nur das atemberaubende Naturschauspiel des Wasserfalls selbst erleben, sondern auch die umliegende unberührte Landschaft mit ihrer reichen Flora und Fauna. Mit seinen 192 Metern ist er einer der höchsten Wasserfälle Afrikas.

Bokong Nature Reserve

Entdecke eine der höchstgelegenen Regionen im Norden des Landes mit atemberaubenden Aussichten und einer einzigartigen Flora und Fauna. Das Naturschutzgebiet bietet hervorragende Wandermöglichkeiten, von leichten Spaziergängen bis zu anspruchsvollen Wanderungen.

Übernachtung in einem traditionellen Rondavel

Lerne die Gastfreundschaft der Einheimischen kennen und übernachte in einem traditionellen Rondavel, um das authentische Lebensgefühl Lesothos zu erleben. Diese Hütten sind oft aus Lehm, Gras, Holz und Stroh gebaut und zeichnen sich durch ihre charakteristische runde Form aus.

DSCHIBUTI

Schnorcheln in Ghoubbet-el-Kharab

Tauche ein in die faszinierende Unterwasserwelt von Ghoubbet-el-Kharab und entdecke atemberaubende Korallenriffe und exotische Meeresbewohner.

Wanderung zum Kratersee Abbe

Mache eine abenteuerliche Wanderung zum Kratersee Abbe und erlebe das surreale Naturschauspiel der schwefelhaltigen Geysire.

Besuch des Lac Assal

Erkunde den tiefsten See Afrikas, den Lac Assal, und schwimme im hypersalinen Wasser für ein einzigartiges Erlebnis, denn die hohe Salzkonzentration lässt die Schwimmer ähnlich wie im Toten Meer auf der Oberfläche schweben.

Übernachtung in einem Beduinen-Wüstencamp

Erlebe die traditionelle Kultur der Beduinen hautnah und verbringe eine Nacht in einem Wüstencamp unter dem funkelnden Sternenhimmel.

Historisches Tadschura

Besuche eine der ältesten Städte des Landes, die für ihre reiche Geschichte und kulturelle Bedeutung bekannt ist. Sie liegt am westlichen Ufer des Golfs von Tadjoura und wird wegen ihrer vielen traditionellen weißen Gebäude oft »die weiße Stadt« genannt.

Kamelritt in der Wüste

Erkunde die weiten Sanddünen auf dem Rücken eines Kamels und genieße die entspannte Atmosphäre der Wüste. Die Kameltouren werden oft von erfahrenen Beduinenführern begleitet. Diese Einheimischen haben eine tiefe Verbindung zur Wüste und teilen ihr Wissen über Region und Kultur.

Day Forest National Parks

Entdecke die einzigartige Flora und Fauna in einem der wenigen Waldgebiete in einem überwiegend trockenen und wüstenartigen Land, das einen beeindruckenden Kontrast zur umgebenden Landschaft bietet.

Bootsfahrt im Golf von Tadjourah

Mache eine Bootsfahrt im malerischen Golf von Tadjourah und beobachte Delfine, Mantarochen und Wale in ihrem natürlichen Lebensraum.

Besuch der Salinen von Dschibuti

Erfahre mehr über die Salzgewinnung in Dschibuti und beobachte die traditionelle Ernte in den Salzseen. Diese Salzseen sind oft von einer atemberaubenden Wüstenlandschaft umgeben und bieten ein einzigartiges visuelles Erlebnis.

Markt in Dschibuti-Stadt

Le Marché Central bietet eine große Auswahl an Waren, von frischen Lebensmitteln und Gewürzen über Textilien und Kunsthandwerk bis hin zu Elektronik und Haushaltswaren. Ein Schmelztiegel der Kulturen, der die vielfältige Bevölkerung der Stadt widerspiegelt.

MADAGASKAR

Lemuren im Nationalpark von Lokobe

Dieser Park ist einer der letzten Orte, an denen der ursprüngliche Primärwald von Nosy Be erhalten geblieben ist, und bietet daher einen wichtigen Lebensraum für verschiedene Lemurenarten.

Trekking im Tsingy de Bemaraha Strict Nature Reserve

Ein spannendes Trekking-Abenteuer im UNESCO-Weltnaturerbe mit bizarren, bis zu 100 Meter hohen Kalkstein-Pinnacles.

Baobaballee

Diese malerische Allee wird von majestätischen, bis zu 800 Jahre alten Affenbrotbäumen gesäumt. Sie werden oft »Baum des Lebens« genannt, sind ein Symbol des Landes und bekannt für ihre ungewöhnlichen, massiven Stämme und kleinen Kronen.

Schnorcheln vor der Insel Nosy Be

Tauche ein in die bunte Unterwasserwelt vor der Insel Nosy Be und entdecke die vielfältige Meeresfauna und -flora.

Wanderung zum Andringitra-Massiv

Wage eine anspruchsvolle Wanderung zum Andringitra-Massiv und genieße die atemberaubende Aussicht auf die umliegende Landschaft.

Kulturelle Begegnung mit den Antandroy

Ein Besuch bei den Antandroy, einer ethnischen Gruppe, die im Süden Madagaskars lebt, bietet die einmalige Gelegenheit, tief in die reiche Kultur und Tradition dieser Gemeinschaft einzutauchen.

Besuch des Indri-Indri-Reservats

Das Reservat bietet geführte Touren an, bei denen Besucher die Möglichkeit haben, Indris zu beobachten, die für ihr markantes schwarz-weißes Fellmuster und ihre beeindruckende Größe bekannt sind.

Entspannen am Strand von Anakao

Genieße entspannte Tage am weißen Sandstrand von Anakao und lass die Seele baumeln. Die natürliche Schönheit der Umgebung wird von Palmenhainen, Mangrovenwäldern und Sanddünen geprägt.

Die Höhlen von Anjohibe erkunden

Entdecke die geheimnisvollen Höhlen von Anjohibe und bestaune die faszinierenden Felsformationen. Die tropische Erosion hat im Laufe der Jahrtausende ein Labyrinth von Gängen, Kammern und Tunneln geschaffen. Die unterschiedlichen Formationen reichen von Stalaktiten und Stalagmiten bis hin zu bizarren Felsstrukturen.

Besuch des Kirindy-Waldreservats

Besuche das Kirindy-Waldreservat und beobachte seltene Tierarten wie Fossas und Tenreks in ihrem natürlichen Lebensraum.

MAURITIUS

Kitesurfen in Le Morne Brabant

Genieße die idealen Bedingungen in der flachen Lagune von Le Morne mit konstanten Winden, warmem Wasser und dem majestätischen Berg im Hintergrund.

Katamaranfahrt ab Flic en Flac

Beende den Tag auf dem Wasser und genieße den Sonnenuntergang an der Westküste von Mauritius mit ihren langen, weißen Sandstränden.

Sir Seewoosagur Ramgoolam Botanischer Garten

Erlebe die botanische Vielfalt in einem der ältesten botanischen Gärten der südlichen Hemisphäre. Große Teiche im Garten beherbergen riesige Seerosen, darunter die Victoria Amazonica, eine der größten Seerosenarten der Welt.

Wanderung zum Aussichtspunkt Pieter Both

Wage eine anspruchsvolle Wanderung zum Gipfel des Pieter Both, einem markanten Berg, der an einen menschlichen Kopf erinnert, und genieße die spektakuläre Aussicht über die Insel.

Siebenfarbige Erde bei Chamarel

Die Farbvielfalt der Sanddünen in Rot, Braun, Violett, Grün, Blau, Purpur und Gelb ist das Ergebnis der Abkühlung vulkanischen Gesteins, das im Laufe der Jahrhunderte chemische Veränderungen erfuhr.

Black River Gorges National Park
Aufregende Safari zur Beobachtung seltener Vogelarten wie etwa dem Mauritiusfalken, dem Rosaflamingo und dem Mauritiusparadiesvogel.

Aapravasi Ghat
Entdecke die Geschichte von Mauritius und besuche den ehemaligen Einwanderungshafen, der von der Kolonialgeschichte des Landes erzählt. Tausende von Vertragsarbeitern aus verschiedenen Teilen der Welt, darunter Indien und China, kamen hier an, um auf den Plantagen zu arbeiten.

Île aux Cerfs
Erkunde die idyllische Île aux Cerfs, eine paradiesische Insel mit weißen Sandstränden und türkisfarbenem Wasser, und entspanne inmitten unberührter Natur.

Blue Bay Marine Park
Dieser Marinepark im Südosten der Insel bietet kristallklares Wasser und gut erhaltene Korallenriffe. Trotz des flachen Wassers beherbergt der Marinepark eine beeindruckende Vielfalt an Meereslebewesen. Anfänger können hier zahlreiche Fischarten, bunte Korallen und andere Unterwasserbewohner in ihrer natürlichen Umgebung entdecken.

Quad-Tour im Domaine de L'Etoile
Entdecke spektakuläre Landschaften, von üppigen Wäldern bis hin zu Flusslandschaften und weiten Aussichten. Möglichkeit zur Besichtigung alter Zuckerfabriken.

SEYCHELLEN

Schnorcheln bei den La Farine-Inseln
Entdecke die faszinierende Unterwasserwelt unberührter Schnorchelplätze mit einer reichen Meeresfauna.

Paragliding über den Beau Vallon Beach
Gleite über den atemberaubenden Beau Vallon Beach und genieße eine einzigartige Perspektive auf den feinen weißen Sand, das klare türkisblaue Wasser und die beeindruckenden Granitfelsen.

Schlüpfende Schildkröten beobachten
Zwischen Oktober und April bietet sich die einmalige Gelegenheit, am Strand von Anse Georgette auf Praslin oder Anse Intendance auf Mahé das Schlüpfen junger Schildkröten aus nächster Nähe zu beobachten.

Privater Ausflug zu entlegenen Inseln und Stränden
Besuche abgelegene Inseln und einsame Strände auf einem maßgeschneiderten Privatausflug und erlebe die unberührte Natur des Inselarchipels.

Silhouette Island
Eine der größten Granitinseln der Seychellen mit malerischen Wanderwegen und üppigen Regenwäldern. Hier gedeiht eine einzigartige Vielfalt endemischer Pflanzenarten. Diese seltenen Pflanzen sind von unschätzbarem Wert für das lokale Ökosystem und unterliegen strengen Schutzmaßnahmen.

Wanderung durch das Vallée de Mai auf Praslin

Wandere durch das beeindruckende Vallée de Mai auf Praslin, ein UNESCO-Weltnaturerbe, und bestaune die einzigartige Flora und Fauna, darunter die berühmten Coco-de-Mer-Palmen.

Sonnenuntergang am Strand von Anse Source d'Argent

Genieße den malerischen Sonnenuntergang am berühmten Strand von La Digue und lass dich von der atemberaubenden Kulisse verzaubern. Die gewaltigen, von der Natur geschliffenen Granitfelsen ragen dramatisch aus dem türkisblauen Wasser. Die glatten Felsen und das glitzernde Meer bilden einen reizvollen Kontrast.

Mangrovenlabyrinth auf Mahé

Erkunde die faszinierenden Mangrovenwälder bei einer Kajakfahrt und beobachte die vielfältige Vogelwelt und die einzigartige Flora entlang der Küste. Die Wälder spielen eine wichtige Rolle beim Küstenschutz. Die dichten Wurzelsysteme der Bäume stabilisieren die Ufer, vermindern die Erosion und bieten Schutz vor Sturmfluten.

Naturreservat Aride Island

Wer das für seine beeindruckende Vogelvielfalt bekannte Naturreservat Aride Island betritt, erhält einen einzigartigen Einblick in die unberührte Natur der Seychellen.

Tauchen mit Riesenschildkröten auf Coco Island

Triff bei einem Tauchgang die majestätischen Riesenschildkröten, die hier in ihrer natürlichen Umgebung leben.

KAP VERDE

Wandern zum Pico do Fogo auf Fogo Island

Erklimme den aktiven Vulkan Pico do Fogo und genieße die atemberaubende Aussicht auf die Landschaft und den Kratersee.

Schnorcheln im Blue Eye auf Santiago Island

Tauche in das klare, tiefblaue Wasser des Blue Eye und entdecke die faszinierende Unterwasserwelt rund um den geheimnisvollen Unterwasserkrater.

Kitesurfen an den Stränden von Sal

Stürze dich an den windigen Stränden von Sal in ein aufregendes Kitesurf-Abenteuer und spüre die Energie des Ozeans, wenn du über die Wellen gleitest.

Musikszene in Mindelo auf São Vicente

Tauche ein in das kulturelle Herz des Archipels und erlebe lebendige Musik und traditionelle Tänze. Genieße die vielfältigen Rhythmen der kapverdischen Musik, darunter Morna, Funaná und Coladeira. Die Straßen sind oft erfüllt von den Klängen lokaler Musiker, und traditionelle Tänze werden mit Leidenschaft aufgeführt.

Wanderung durch die Täler von Santo Antão

Entdecke zu Fuß die beeindruckenden Täler mit üppiger Vegetation und terrassierten Anbauflächen und lerne das ländliche Leben kennen.

Besuch der Cidade Velha auf der Insel Santiago

1462 als erste europäische Siedlung in den Tropen gegründet, bietet die Stadt Einblicke in die frühen Interaktionen zwischen Europa, Afrika und Amerika. Während ihres Höhepunkts im 16. und 17. Jahrhundert war die Cidade Velha ein wichtiger Stützpunkt für den Sklavenhandel und ein Knotenpunkt für den Austausch von Waren und Kulturen zwischen den Kontinenten.

Bootsfahrt zur Ilhéu de Cima

Fahrt zu der kleinen, unbewohnten Insel vor der Küste von São Nicolau mit ihrer faszinierenden Kulisse aus felsigen Klippen, kristallklarem Wasser und einer reichen marinen Artenvielfalt.

Besuch des Fischerdorfes Tarrafal auf der Insel Santiago

Als aktives Fischerdorf bietet Tarrafal Einblicke in das tägliche Leben und die Kultur der lokalen Fischer. Besucher können beobachten, wie die Fischer mit ihren Booten aufs Meer hinausfahren und mit dem Fang des Tages zurückkehren.

Whale Watching vor Boa Vista

Nimm an einer spannenden Walbeobachtungstour vor Boa Vista teil und erlebe die majestätischen Meeressäuger hautnah in ihrer natürlichen Umgebung.

Besuch der Salinas de Pedra de Lume auf Sal

Bade wie im Toten Meer in den farbenfrohen Salinen und erfahre mehr über die Salzgewinnung, die hier seit Jahrhunderten betrieben wird.

Australien und Ozeanien

AUSTRALIEN

Roadtrip entlang der Great Ocean Road

Erlebe atemberaubende Klippen und faszinierende Felsformationen und genieße die Freiheit eines unvergesslichen Roadtrips durch Australien.

Tauchen am Great Barrier Reef

Tauche ein in die farbenprächtige Unterwasserwelt eines der größten Korallenriffe der Welt und entdecke die einzigartige Artenvielfalt des Meeres.

Wilde Kängurus treffen

Lerne diese faszinierenden Symbole Australiens kennen und treffe wilde Kängurus zum Beispiel auf Kangaroo Island in Südaustralien.

Aborigine-Kultur erleben

Bei einer geführten Tour zu einem der symbolträchtigsten Orte Australiens, dem Uluru, der den Anangu, den traditionellen Besitzern des Landes, heilig ist, erhältst du Einblicke in die lokale Kultur, Geschichte und spirituelle Bedeutung der Umgebung.

Wandern im Red Centre

Der Valley of the Winds Walk bietet einen spektakulären Blick auf die Felsformationen von Kata Tjuta. Der etwa 7,4 Kilometer lange Weg führt durch Schluchten und Täler und lässt die Stille der umgebenden Wüste deutlich werden.

Daintree Rainforest Discovery Tour

Entdecke den ältesten Regenwald der Welt und erlebe eine Vielzahl einheimischer Tier- und Pflanzenarten. Den Wald gibt es seit beeindruckenden 180 Millionen Jahren. In dieser Zeit hat er verschiedene Erdzeitalter überdauert. Ein großer Teil der Flora kann als »lebendes Fossil« betrachtet werden, da viele Pflanzenarten seit der Kreidezeit nahezu unverändert geblieben sind. Dazu gehören Baumfarne, Koniferen und andere urzeitliche Pflanzen.

Segeltörn zu den Whitsunday Islands

Segle zu den malerischen Whitsunday Islands und genieße weiße Sandstrände, türkisfarbenes Wasser und atemberaubende Ausblicke.

Übernachtung in einem Outback Camp

In der Kimberley in Westaustralien kann man das Abenteuer Outback kennenlernen: Die abgelegene Region bietet einfache Camps oder luxuriöse Lodges in atemberaubender Landschaft mit reicher Aborigine-Kultur.

Sandboarding in Port Stephens

Die größten beweglichen Sanddünen der Südhalbkugel mit einer Fläche von etwa 4200 Hektar bieten ideale Bedingungen für diesen Sport in freier Natur.

Küstenwandern im Tasman-Nationalpark

Auf einer malerischen Küstenwanderung kann man die atemberaubenden Felsformationen bewundern, die sich aus dem tiefblauen Meer erheben.

NEUSEELAND

Glühwürmchenhöhle in den Waitomo Caves

Erkunde das faszinierende Höhlensystem auf der Nordinsel Neuseelands und erlebe eine spektakuläre Bootsfahrt durch die von Tausenden Glühwürmchen erleuchtete Höhle.

Abenteuer im Kowhai Park/Whanganui

Lass dich und deine Kinder in den verschiedenen Themenbereichen in eine Welt der Fantasie entführen. Von Raumschiffen über Burgen bis hin zu Piratenschiffen gibt es viele kreative Spielgeräte zu erkunden.

Kreuzfahrt auf dem Milford Sound

Einer der schönsten Fjorde der Welt mit atemberaubenden Ausblicken auf steile Felswände, die direkt aus dem tiefen, dunklen Wasser ragen, umgeben von üppigen Regenwäldern.

Haka-Tanz der Maori

Lerne die Kultur der Maori kennen und tanze den rituellen Haka-Tanz, der eine wichtige Rolle im kulturellen Erbe Neuseelands spielt. Der Haka besteht aus kraftvollen Bewegungen, rhythmischem Stampfen, lautem Gesang und Gesichtsausdrücken, die Entschlossenheit und Stolz ausdrücken. Es gibt verschiedene Arten von Haka, die zu unterschiedlichen Anlässen getanzt werden. Am bekanntesten ist der »Ka Mate«, der oft von der neuseeländischen Rugby-Nationalmannschaft, den All Blacks, aufgeführt wird.

Wandern auf dem Fox-Gletscher

Erlebe eine unvergessliche Gletscherwanderung entlang eisiger Formationen und Gletscherspalten.

Kajakfahren auf dem Lake Tekapo, Canterbury

Der Lake Tekapo bietet mit seinem türkisblauen Wasser und der atemberaubenden Landschaft der Southern Alps eine malerische Kulisse für Kajakfahrten.

Bungee Jumping von der Kawarau Bridge

Springe von der Kawarau Bridge in der Nähe von Queenstown, wo der erste kommerzielle Bungee-Sprung der Welt stattfand, und erlebe den Nervenkitzel des freien Falls.

Canyoning auf der Coromandel Peninsula

Entdecke den Sleeping God Canyon im Coromandel Forest Park, wo spektakuläre Wasserfälle und Herausforderungen auf dich warten.

Besuch der Moeraki Boulders

Bestaune die runden Kalksteinkugeln, die entlang der Küste der Südinsel verstreut sind und eine einzigartige Naturschönheit darstellen. Diese sind das Ergebnis von Jahrmillionen dauernden geologischen Prozessen, in denen sich Mineralablagerungen Schicht für Schicht abgelagert haben.

Fallschirmspringen über Queenstown

Unvergleichliche Aussicht auf die spektakuläre Landschaft mit den majestätischen Südalpen, kristallklaren Seen wie dem Lake Wakatipu und den atemberaubenden Fiordlands.

FIDSCHI

Korallenriffe der Yasawa-Inseln

Tauche ein in die atemberaubende Unterwasserwelt Fidschis und erlebe beim Schnorcheln die bunte Vielfalt der Korallenriffe rund um die Yasawa-Inseln.

Bouma-Nationalpark auf Taveuni

Der Park ist berühmt für seine Tavoro Wasserfälle. Der erste Wasserfall ist leicht zugänglich und bietet einen natürlichen Pool mit kristallklarem Wasser. Die beiden anderen Wasserfälle sind über Wanderwege erreichbar und bieten eine ruhigere Atmosphäre.

Treffen mit den Dorfbewohnern von Navala

Besuche das traditionelle Dorf Navala und erlebe die einzigartige Kultur der Einheimischen hautnah, indem du mit den Dorfbewohnern interagierst und mehr über ihre Bräuche und Traditionen erfährst.

Koroyanitu National Park

Spektakuläre Wasserfälle, üppige Regenwälder und atemberaubende Ausblicke auf die umliegenden Inseln.

Übernachtung in einer fidschianischen Bure

Erlebe ein authentisches Fidschi-Erlebnis, indem du in einer traditionellen Bure (Hütte) übernachtest und das einfache Inselleben sowie die Gastfreundschaft der Einheimischen genießt.

Heiße Quellen von Sabeto

Bedecke dich mit mineralhaltigem Schlamm, der für seine heilenden und reinigenden Eigenschaften bekannt ist. Nach dem Trocknen wird der Schlamm in einer der heißen Quellen gewaschen.

Kajakfahrt auf dem Sigatoka River

Genieße vom Kajak aus die malerische Flusslandschaft und die Möglichkeit, exotische Vögel und die lebendige Flussfauna zu beobachten.

Walbeobachtungstour auf den Yasawa-Inseln

Erlebe die majestätischen Buckelwale in ihrem natürlichen Lebensraum.

Tandem-Fallschirmsprung über Fidschi

Wage einen unvergesslichen Tandem-Fallschirmsprung und erlebe die Schönheit der Fidschi-Inseln aus der Vogelperspektive.

Teilnahme an einer Kava-Zeremonie

Lerne die fidschianische Kultur kennen, indem du an einer traditionellen Kava-Zeremonie teilnimmst und das traditionelle Getränk der Einheimischen probierst. Piper methysticum ist eine auf den Fidschi-Inseln heimische Pflanze, die unter dem Namen Kava Kava bekannt ist. Die Wurzeln werden in der Sonne getrocknet, zu einem feinen Pulver gemahlen und mit kaltem Wasser vermischt. Beim Trinken entsteht ein tiefes, entspannendes und angenehmes Gefühl, das zu innerer Ruhe und Entspannung führt.

PAPUA-NEUGUINEA

Trekking auf dem Kokoda Track

Wandere auf einer spirituellen Pilgerreise auf dem historischen Kokoda Track und entdecke die reiche Geschichte und die atemberaubende Landschaft.

Varirata National Park

Erkunde den Nationalpark und bestaune die vielfältige Flora und Fauna bei einer Wanderung durch dichte Regenwälder und malerische Schluchten.

Begegnung mit den Stammesvölkern im Tari-Becken

Lerne die faszinierende Kultur der einheimischen Stammesvölker kennen, erlebe ihre traditionellen Tänze und Bräuche und lerne ihre einzigartige Lebensweise kennen.

Nationalmuseum und Kunstgalerie, Port Moresby

Erweitere dein Wissen über Geschichte und Kultur beim Besuch des Nationalmuseums und Kunstgalerie und bewundere faszinierende Artefakte und zeitgenössische Kunstwerke.

Kokoda Track Rainforest Expedition

Entdecke den Regenwald und beobachte seltene Tierarten wie Vögel und Schmetterlinge in ihrem natürlichen Lebensraum. Es gibt Hunderte von Schmetterlingsarten, von denen viele endemisch sind, hier kann man deren gesamten Lebenszyklus beobachten.

JK McCarthy Museum

Erfahre mehr über die faszinierende Geschichte Papua-Neuguineas und entdecke die verborgenen Schätze des Landes im JK McCarthy Museum.

Rabaul Volcanological Observatory

Für Besucher von Rabaul bietet das Observatorium die Möglichkeit, mehr über die faszinierende Welt der Vulkane zu erfahren.

Erkundung von Muschu Island

Tauche in den kristallklaren Gewässern rund um Muschu Island und entdecke eine reiche Unterwasserwelt mit bunten Korallen und exotischen Meeresbewohnern. Die Riffe dieser Region beherbergen eine erstaunliche Vielfalt an Korallenarten. Dazu gehören Steinkorallen, Weichkorallen und Fächerkorallen. Jede Art hat ihre eigenen Formen und Farben, die das Riff zu einem visuellen Fest machen.

Sepik River

Unternimm eine Flusskreuzfahrt auf dem majestätischen Sepik River und erlebe das traditionelle Leben an seinen Ufern, besuche abgelegene Dörfer und schaue einheimischen Kunsthandwerkern über die Schulter.

Volunteering in Papua-Neuguinea

Hilf mit, bedrohte Tierarten wie Schildkröten, Haie und Rochen zu schützen, und arbeite mit anderen Enthusiasten zusammen, um ihre Überlebenschancen zu verbessern. Die immense Biodiversität ist ein Hotspot für Naturschutzarbeit.

SAMOA

Schwimmen im Piula-Höhlenschwimmbad

Entspanne dich in der ruhigen und friedlichen Umgebung des Schwimmbades und genieße die Schönheit der Natur.

Nachtwanderung im O le Pupu-Pue-Nationalpark

Auf einer geführten Wanderung kannst du die einzigartige nachtaktive Tierwelt entdecken, wie z. B. die faszinierenden Pe'a (Flughunde), die in den Baumkronen leben, oder den einzigartigen Gesängen der samoanischen Eulen lauschen.

Schnorcheln im Sua-Meeresgraben

Erlebe ein außergewöhnliches Schnorchelerlebnis in einem erloschenen Vulkankrater mit kristallklarem Wasser. Dieses geologische Wunder bildet eine Art natürlichen Pool mit kristallklarem Wasser, der sich im Laufe der Zeit mit Meerwasser gefüllt hat. Da der Krater durch hohe Felswände von der Außenwelt abgeschirmt ist, herrscht hier oft eine friedliche Atmosphäre, die das Schnorchelerlebnis noch intensiver macht.

Traditionelles Dorf Lefaga

An der Südküste von Upolu kannst du einen Einblick in das traditionelle Leben bekommen. In Lefaga kann man die typischen Fale (offene Häuser) bewundern, die traditionell ohne Wände gebaut werden, um eine enge Gemeinschaft und Verbundenheit mit der Natur zu fördern.

Papapapatai-Wasserfall

Eine abenteuerliche Wanderung zum höchsten Wasserfall der Insel, dem Papapapatai-Wasserfall, belohnt mit einem atemberaubenden Blick über die Landschaft.

Lalomanu Strände

Entspanne an den malerischen Stränden von Lalomanu und genieße das türkisfarbene Wasser und den feinen weißen Sand unter deinen Füßen.

Traditionelle Umu-Zeremonie in einem Dorf

Bei dieser traditionellen Kochmethode werden Gerichte in einem Erdofen namens »Umu« zubereitet. Die Zubereitung erfordert traditionelles Wissen über die Auswahl der Steine, die Zubereitung und die Kontrolle der Temperatur.

Kajak-Tour durch die Lagune von Aufaga

Während man mit dem Kajak durch das klare, türkisfarbene Wasser paddelt, genießt man die spektakuläre Aussicht auf die umliegenden weißen Sandstrände und grünen Hügel.

Kokosnussernte und -zubereitung

Lerne von den Einheimischen, wie man frische Kokosnüsse erntet und daraus traditionelle Gerichte zubereitet – ein einmaliges kulinarisches Erlebnis.

Sonnenaufgangsmeditation am Strand von Lalomanu

Während du die frische Meeresbrise genießt und den sanften Wellen lauschst, kannst du dich auf eine Meditation einlassen, die Körper und Geist entspannt.

TONGA

Schwimmen mit Buckelwalen

Erlebe die Magie dieser sanften Riesen, die hier zwischen Juni und Oktober anzutreffen sind, hautnah bei einer speziellen Schnorcheltour.

Homestay in Neiafu, Vava'u

Genieße die herzliche Gastfreundschaft der Einheimischen, nimm an traditionellen Mahlzeiten teil und lerne mehr über die tongaische Kultur, Sprache und Bräuche.

Segeltörn um die Ha'apai-Inseln

Entdecke ein wahres Paradies im Herzen des Südpazifiks mit unberührten, weißen Sandstränden, kristallklarem, türkisfarbenem Wasser und einer Fülle von Meereslebewesen. Die Ha'apai-Inseln sind weniger überlaufen und bieten die Möglichkeit, einen Einblick in die tongaische Kultur zu bekommen.

Tonga-Küche

Probiere lokale Gerichte wie Ota Ika, rohen Fisch mariniert in Kokosnusscreme, Lu, eine Spezialität aus Taro-Blättern und Corned Beef, und Keki, eine Art tongaischer Donut.

Schnorcheln in den Korallengärten von Vava'u

Die Inselgruppe im Norden Tongas ist berühmt für ihr kristallklares Wasser und ihre gesunden Korallenriffe mit bunten tropischen Fischen, Meeresschildkröten, verschiedenen Haiarten und majestätischen Mantarochen.

Kunsthandwerk in Nuku'alofa, Tongatapu

Schaue zu, wie Tapa gewebt wird, ein traditioneller tonganischer Stoff aus Baumrinde, der mit einzigartigen Mustern und Motiven bemalt wird. Das Verfahren beginnt mit dem Schälen der Rinde von speziellen Bäumen, meist Maulbeerbäumen. Die Rinde wird dann in dünnen Schichten geschlagen, bis sie weich und biegsam ist. Anschließend werden die Rindenstücke zu größeren Tapas zusammengefügt.

Wanderung zum Vulkan Tofua auf den Ha'apai-Inseln

Der Weg zum beeindruckenden Kratersee bietet Gelegenheit, die spektakulären geologischen Formationen und die vielfältige Flora und Fauna zu erkunden.

Sonntäglicher Kirchenbesuch

Nimm an einem Sonntagsgottesdienst in einer der örtlichen Kirchen teil. Genieße den harmonischen Gesang und die leidenschaftliche Atmosphäre.

Erkundung der Lapita-Stätte

Diese Stätte bietet einen Einblick in die frühe Besiedlungsgeschichte der polynesischen Inseln durch die Lapita, die für ihre kunstvollen Töpferwaren und ihr Können im Langstreckensegeln bekannt sind.

Sonnenuntergang am Anahulu Beach, Tongatapu

Lass den Tag entspannt ausklingen und genieße die unberührte Schönheit, das ruhige, klare Wasser und die malerischen Sonnenuntergänge, die den Himmel in spektakuläre Farben tauchen.

VANUATU

Tauchen am Konanda Reef

Erkunde die faszinierende Unterwasserwelt am Konanda Reef und entdecke eine Vielzahl bunter Korallenriffe und exotischer Meeresbewohner.

Vulkan Yasur

Im Gegensatz zu vielen anderen aktiven Vulkanen ist der Vulkan Yasur relativ leicht zu erreichen und bietet beeindruckende Ausblicke auf Lavaexplosionen und Aschewolken, besonders eindrucksvoll bei Nacht.

Kajakfahren entlang der Küste von Efate

Während der Kajakfahrt durch türkisfarbenes Wasser entlang der Küste wird man von einer beeindruckenden Küstenlandschaft mit Korallenriffen und vielleicht sogar Meeresschildkröten und bunten Fischen wie Papageienfischen, Kaiserfischen, Doktorfischen oder Falterfischen begleitet.

Dorfleben in Tanna

Lerne das traditionelle Leben der Einheimischen in einem ursprünglichen Dorf kennen und erfahre mehr über ihre Bräuche, Tänze und ihr traditionelles Handwerk.

Wanderung zum Mele-Wasserfall

Wandere durch den üppigen Dschungel von Efate zum beeindruckenden Wasserfall, wo du ein erfrischendes Bad nehmen kannst.

Bootsfahrt zu den Blue Holes von Espiritu Santo

Genieße eine Bootsfahrt und nutze die Gelegenheit, in den Blue Holes zu schwimmen. Das kristallklare Wasser bietet hervorragende Sichtverhältnisse, um die faszinierende Meereswelt zu erkunden.

Schnorcheln bei den Maskelyne-Inseln

Entdecke die bunte Unterwasserwelt rund um die Maskelyne-Inseln und erlebe eine Vielzahl von Korallen, Fischen und Meeresschildkröten.

Million Dollar Point

Tauche ein in die Geschichte an einem Ort, an dem im Zweiten Weltkrieg Kriegsgerät versenkt wurde und der heute ein beliebtes Tauch- und Schnorchelziel ist. Nach Kriegsende hatte die US-Regierung große Mengen militärischer Ausrüstung und Fahrzeuge auf der Insel Espiritu Santo. Sie beschloss, diese zu versenken. Der Wert der versenkten Ausrüstung soll mehrere Millionen Dollar betragen haben.

Traditionelles Fest auf Pentecost Island

Erlebe ein traditionelles Fest, bei dem die Einheimischen das berühmte Nagol Land Diving veranstalten, bei dem sich Männer von hohen Bambustürmen stürzen.

Entdeckung der Geheimnisse des Chief Roi Mata's Domain

Erkunde die historische Stätte, die das Grab von Chief Roi Mata, einem bedeutenden Häuptling, sowie Artefakte und Ruinen umfasst, die von der reichen Vergangenheit der Insel zeugen.

MIKRONESIEN

Tauchen in der Chuuk (Truk) Lagoon

Tauche zu einem der größten Schiffsfriedhöfe der Welt, wo du inmitten von Wracks aus dem Zweiten Weltkrieg tauchen kannst und einzigartige Einblicke in die maritime Geschichte erhältst.

Yap Stone Money

Bestaune die riesigen Steinmünzen, ein traditionelles Zahlungsmittel und Symbol der Inselkultur. Diese beeindruckenden Steinplatten sind nicht nur eine Währung, sondern auch ein Zeichen von Reichtum und Status.

Segeln zwischen abgelegenen Atollen und Inseln

Segle zu den entlegenen Inseln Lamotrek und Satawal, lerne traditionelle Navigationstechniken kennen, erlebe authentische mikronesische Gastfreundschaft und bestaune handgefertigte Kanus.

Wandern auf Sokehs Ridge, Pohnpei

Erklimme den Gipfel für eine atemberaubende Aussicht und entdecke die Überreste alter japanischer Befestigungsanlagen aus dem Zweiten Weltkrieg.

Traditionelles Fest auf Chuuk

Stürze dich in die lokale Kultur mit traditionellen Tänzen, Musik und Essen. Diese Feste bieten eine lebendige Darstellung der lokalen Bräuche und Traditionen.

Erkundung des Ant Atoll, Pohnpei

Umgeben von einem der größten Korallenriffe der Welt, kannst du hier eine beeindruckende Artenvielfalt entdecken, darunter farbenprächtige Korallengärten, vielfältige Fischarten und möglicherweise auch Meeresschildkröten.

Nan Madol, Pohnpei

Besuche die auf Pfählen errichteten Ruinen, die aus über 100 künstlichen Inseln bestehen. Diese historische Stätte zeugt von der komplexen prähistorischen Kultur Mikronesiens. Man vermutet, dass die Anlage zwischen dem 8. und 16. Jahrhundert erbaut wurde und einst als königliche Residenz und Zeremonienstätte diente.

Mantarochen auf Yap

Tauche mit diesen majestätischen Kreaturen. Die Gewässer um Yap sind bekannt für ihre große Mantarochen-Population, was einzigartige Begegnungen ermöglicht.

Lelu Island, Kosrae

Erkunde die geheimnisvollen Ruinen, die von einer vergessenen Zivilisation zeugen. Überreste von Kanälen, Gräbern und Tempeln geben Einblick in die Vergangenheit.

Yap Islands' Strände

Verbringe einen entspannten Tag an abgelegenen Stränden mit kristallklarem Wasser, weißem Sand und einer ruhigen Atmosphäre, ideal zum Schwimmen, Schnorcheln und Sonnenbaden. Yap ist auch für seine reiche Kultur und Tradition bekannt, darunter die berühmten Steingeldbanken.

PALAU

Tauchen im Jellyfish Lake

Schwimme mit Tausenden von nicht stechenden Quallen in diesem einzigartigen See – ein unvergessliches Erlebnis in einem der seltensten Meeresseen der Welt.

Steinmonolithen in Babeldaob

Erklimme den beeindruckenden Monolithen, der Teil einer uralten Kultur ist, und genieße die atemberaubende Aussicht auf die üppige Landschaft und den umliegenden Ozean.

Kajakfahren auf den Rock Islands

Erkunde die majestätischen Rock Islands mit dem Kajak, entdecke versteckte Buchten und Lagunen und genieße die unberührte Natur dieses UNESCO-Weltnaturerbes.

Schnorcheln im Blue Corner

Erlebe das Schnorcheln in einem der berühmtesten Tauchgebiete der Welt, bekannt für seine starken Strömungen und die Vielfalt des Meereslebens, darunter Haie und große Schwärme von Barrakudas.

Traditionelle Bai in Airai

Besuche ein traditionelles Versammlungshaus, das reich an Geschichte und kultureller Bedeutung ist, und bewundere die detailreichen Schnitzereien und Malereien. Die Holzstrukturen sind oft mit komplexen Mustern und Motiven verziert, die traditionelle Geschichten und Symbole darstellen.

Wanderung zum Ngardmau-Wasserfall

Entdecke den größten Wasserfall Palaus auf einer Wanderung durch den Dschungel, ein erfrischendes Naturerlebnis mit der Möglichkeit, in den natürlichen Pools zu schwimmen.

Bootstour zu der Nikko Bay Clam Farms

Lerne auf dieser informativen Tour mehr über die nachhaltige Zucht von Riesenmuscheln und die Bemühungen, Palaus marines Ökosystem zu schützen.

Zeichen der Azure Blue Lagoon

Der »Friedhof der Büroklammern«, eine Sammlung von Unterwasser-Skulpturen, ist eine Hommage an die Vielfalt des Meereslebens und die Geschichte Palaus. Diese tatsächlich aus Büroklammern gefertigten Skulpturen bilden eine einzigartige Sammlung von Unterwasserkunstwerken, die oft ein maritimes Thema haben und Fische, Meeresschildkröten, Haie und andere Meeresbewohner darstellen.

Stand-up-Paddling im Ngermid Mangrove Forest

Genieße die Ruhe und Schönheit des Mangrovenwaldes aus einer neuen Perspektive, die Einblicke in dieses einzigartige Ökosystem bietet.

Sonnenuntergang auf Long Island

Den spektakulären Sonnenuntergang an einem ruhigen und malerischen Ort beobachten, perfekt für einen entspannten Abend und um die Schönheit der Natur zu genießen. Von zarten Rosa- und Orangetönen bis hin zu kräftigen Rottönen bietet der Himmel hier oft eine atemberaubende Farbpalette.

KIRIBATI

Tauchen im Kiritimati Atoll

In den kristallklaren Gewässern mit ihrer beeindruckenden Vielfalt an Korallen und Meereslebewesen lässt sich die reiche Unterwasserwelt entdecken.

Traditioneller Tanz im Mwaneaba

Genieße authentische kulturelle Darbietungen im Mwaneaba, einem traditionellen Versammlungshaus, und tauche ein in die Welt der traditionellen Tänze, Trommeln und Gesänge.

Erkundung des Orona-Atolls in Kiribati

Erlebe ein echtes Abenteuer bei der Erkundung eines unbewohnten Paradieses. Dieses abgelegene Atoll besticht durch seine unberührte Natur, einsame weiße Sandstrände und eine reiche Meeresfauna.

Kajakfahren in der Lagune von Tarawa

Beim Paddeln durch das ruhige, kristallklare Wasser kann man die malerische Küstenlandschaft mit Palmen und traditionellen Stelzenhäusern bewundern.

Sacred Heart Cathedral, Tarawa

Besuche eines der wichtigsten religiösen und kulturellen Wahrzeichen Kiribatis, das für seine spirituelle Bedeutung in der katholischen Gemeinschaft der Inseln bekannt ist. Ein Besuch bietet Einblicke in die lokale Spiritualität.

Vogelbeobachtung auf den North Line Islands

Beobachte eine Vielzahl von Vögeln in ihrem natürlichen Lebensraum. Die Inseln dienen als Brutgebiet für verschiedene Vogelarten und sind ein wichtiger Zwischenstopp für Zugvögel auf ihren Langstreckenflügen. Die Zug- und Rastbewegungen der Vögel können hier beobachtet werden.

Schutzgebiet der Phoenix-Inseln

Entdecke eines der größten und ökologisch bedeutendsten Meeresschutzgebiete der Welt. Die Phoenix Islands Protected Area bietet einzigartige Einblicke in intakte marine Ökosysteme mit unberührten Korallenriffen, einer außergewöhnlichen Artenvielfalt und tiefen Unterwasserlebensräumen. Tauche ein in eine von der modernen Zivilisation unberührte Welt.

Nachtangeln auf dem Pazifik

Erlebe das aufregende Abenteuer auf dem Pazifik, wo du in der Stille der Nacht auf hoher See die Chance hast, einige der größten Fische des Ozeans zu fangen.

Sonnenuntergang am Hafen von Betio

Bewundere die warmen Farben des Himmels, die sich im Wasser spiegeln und eine malerische Kulisse für einen entspannten Abend bieten.

Kultureller Kochkurs in Kiribati – Zubereitung von Te Bua Toro Ni Baukin

Dieses traditionelle Gericht besteht aus frischem Fisch, der in Kokosmilch gekocht und mit lokalen Gewürzen und Gemüse wie Taro-Blättern verfeinert wird.

SALOMONEN

Schnorcheln in der Marovo-Lagune

Entdecke die bunte Unterwasserwelt in einer der größten Salzwasserlagunen der Welt mit vielen bunten Fischen, faszinierenden Korallenformationen und vielleicht sogar kleinen Riffhaien.

Roter Paradiesvogel

Bei einer Vogelbeobachtungstour hat man die Chance, den seltenen und farbenprächtigen Roten Paradiesvogel zu sehen, der in den Regenwäldern der Salomonen beheimatet ist. Die Männchen sind für ihr leuchtend rotes Gefieder und ihre langen Flankenfedern bekannt, die sie während der Balz in einem beeindruckenden Schauspiel zur Schau stellen.

Lavatunnel auf der Insel Savo

Erkunde die geheimnisvollen Lavatunnel auf einem aktiven Vulkan. Diese geologischen Wunder geben einen Einblick in die vulkanische Aktivität und Geschichte der Insel. Sie entstehen, wenn flüssige Lava bei einem Vulkanausbruch in unterirdische Hohlräume fließt und dabei eine Röhre bildet. Diese Röhren können mehrere Kilometer lang sein.

Begegnung mit den Einheimischen auf Malaita

Erlebe authentische Kultur und Traditionen bei einem Besuch in einem Dorf auf Malaita. Beobachte traditionelle Tänze, lerne das Handwerk und die Lebensweise der Einheimischen kennen.

Trekking am Kolombangara

Besteige den Vulkan Kolombangara. Der Gipfel bietet eine spektakuläre Aussicht auf die umliegenden Inseln und den dichten Regenwald.

Dugong Bay auf Vangunu

Suche nach den seltenen Dugongs, auch Seekühe genannt. Die sanften Meeressäuger sind ein besonderes Highlight in den Gewässern der Salomonen.

Kajakfahren in der Roviana-Lagune

Paddel durch die idyllische Lagune, umgeben von malerischen Inseln und einer reichen marinen Artenvielfalt.

Sonnenuntergang am Titiana Beach

Genieße einen atemberaubenden Sonnenuntergang an einem der schönsten Strände der Salomonen mit seiner ruhigen Atmosphäre und malerischen Kulisse.

Nggatokae Cultural Experience

Lerne die Bräuche, Rituale und Geschichten der Nggatokae kennen. Dieses interaktive Erlebnis gibt Einblick in die reiche Kultur.

Schnorcheln mit Walhaien auf den Inseln von New-Georgia

Mit den größten Fischen des Ozeans schnorcheln. Diese sanften Riesen bieten ein unvergessliches und majestätisches Unterwassererlebnis. Darüber hinaus trägt das Schnorcheln mit Walhaien dazu bei, das Bewusstsein für den Schutz dieser bedrohten Tierart zu schärfen.

Nordamerika

KANADA

Eiswandern im Maligne Canyon, Alberta

Bewundere die gefrorenen Wasserfälle und eisbedeckten Felsformationen in einem der tiefsten Canyons der kanadischen Rockies und genieße die Stille der winterlichen Natur.

Kajakfahren im Nahanni National Park, Northwest Territories

Entlang des South Nahanni River paddelt man durch dramatische Canyons und zu beeindruckenden Wasserfällen wie den Virginia Falls, die doppelt so hoch sind wie die Niagarafälle.

Polarlichtbeobachtung in Yukon

Lass dich von den Nordlichtern verzaubern, ein atemberaubendes Naturschauspiel, das besonders in den dunklen Winternächten in Yukon zu sehen ist.

Wildlife Watching in Tofino, British Columbia

Beobachte auf einer Bootstour die reiche Meeresfauna, darunter Wale, Orcas und Seelöwen, vor der malerischen Kulisse von Tofino.

Übernachtung in einem Iglu-Dorf in Quebec

Erlebe die Kultur der Inuit bei einer einzigartigen Übernachtung in einem traditionellen Iglu, umgeben von der malerischen Winterlandschaft Quebecs.

Helikopterflug über die Niagarafälle

Genieße die beeindruckende Aussicht auf eines der größten Naturwunder der Welt aus der Luft und erlebe die Niagarafälle in ihrer ganzen Pracht.

Segeln in den 1000 Islands, Ontario

Segle zu den verborgenen Schätzen der 1000 Islands, einer malerischen und historischen Region, die ideal für entspannte Segeltörns ist. Ende des 19. und Anfang des 20. Jahrhunderts waren die Inseln ein beliebter Rückzugsort für wohlhabende Industrielle und Prominente. Viele von ihnen ließen auf den Inseln prächtige Herrenhäuser errichten. Eines der bekanntesten ist das »Boldt Castle« auf Heart Island, erbaut von George C. Boldt, dem Besitzer des Waldorf Astoria Hotels.

Fossilienklippen von Joggins, Nova Scotia

Erkunde die weltberühmten Klippen, die faszinierende Fossilien aus dem Karbonzeitalter beherbergen, und tauche in die Erdgeschichte ein.

Gwaii Haanas National Park Reserve, British Columbia

Entdecke die entlegenen Inseln, erlebe atemberaubende Regenwälder und lerne die reiche Kultur der Haida First Nations kennen.

Motorschlittenfahrt in den Rocky Mountains, British Columbia

Erlebe die Freiheit und das Abenteuer einer Motorschlittentour durch die verschneite Wildnis der majestätischen Rocky Mountains.

VEREINIGTE STAATEN

Wandern im Antelope Canyon, Arizona

Der enge Canyon ist bekannt für seine wellenförmigen Wände und Lichtspiele, die besonders zur Mittagszeit eine surreale Atmosphäre schaffen.

Ballonfahrt über die Grand Tetons, Wyoming

Genieße den ruhigen Sonnenaufgang und die wechselnden Farben der Berglandschaft, während du schwebst und die Wildnis aus der Vogelperspektive betrachtest.

Nachttauchen mit Mantas in Hawaii

Die majestätischen Meeresriesen elegant durchs Wasser gleiten zu sehen ist ein magisches Erlebnis, das man so schnell nicht vergisst.

Lavahöhlen auf Big Island, Hawaii

Entdecke die geheimnisvollen, von Lavaströmen geformten Höhlen und erfahre mehr über die vulkanischen Kräfte, die die Insel geformt haben.

Kajakfahren im Everglades-Nationalpark, Florida

Genieße die Stille und Schönheit dieser einzigartigen Sumpflandschaft. Der Nationalpark legt großen Wert auf die Erhaltung der Umwelt, um die Vielzahl der hier lebenden seltenen und bedrohten Tierarten zu schützen, darunter Amerikanische Krokodile, Florida Panther, Seekühe, Alligatoren und verschiedene Vogelarten wie den Rosalöffler und den Schreikranich.

Übernachtung in einem Baumhaus im Redwood National Park, Kalifornien

Erlebe, wie es ist, inmitten der ältesten und höchsten Bäume der Welt zu schlafen, umgeben von der Ruhe der Natur. Der Redwood, auch Küstenmammutbaum (Sequoia sempervirens) genannt, ist eine der beeindruckendsten Baumarten der Welt. Sie sind bekannt für ihre enorme Höhe, ihre massiven Stämme und ihre Langlebigkeit. Einige Mammutbäume sind über 2000 Jahre alt und können über 100 Meter hoch werden.

Heliskiing in den Rocky Mountains, Colorado

Stürze dich in die Tiefen des Pulverschnees und erlebe das Adrenalin und die Freiheit des Heliskiing in einem der besten Skigebiete der Welt.

Besuch der U-Boot-Basis in Pearl Harbor, Hawaii

Besuche historische U-Boote, lerne etwas über Seekriegsführung und tauche tief in die Geschichte des berühmten Hafens ein.

Pferdetrekking im Yellowstone-Nationalpark, Wyoming

Reite durch spektakuläre Landschaften, vorbei an Geysiren und wilden Tieren, und erlebe die Wildnis des Yellowstone aus einer neuen Perspektive.

Sternennacht am Grand Canyon, Arizona

Beobachte, wie der Himmel über dem Canyon zum Leben erwacht, ein idealer Ort für Astronomiebegeisterte und alle, die die Schönheit des Nachthimmels schätzen.

Mittelamerika und Karibik

MEXIKO

Tauchen in den Cenotes von Yucatán

Erkunde die geheimnisvollen unterirdischen Süßwasserquellen, die Cenotes, und erlebe ein einzigartiges Tauch- oder Schnorchelerlebnis in dieser faszinierenden Unterwasserwelt.

Gleitschirmfliegen über dem Valle de Bravo

Der Panoramablick auf das glitzernde Wasser des Lago Avándaro und die üppig grünen Berge macht jeden Flug zu einem unvergesslichen Erlebnis.

Kulinarische Tour durch Oaxaca

Beginne auf dem lebhaften Mercado 20 de Noviembre. Hier kannst du eine Vielzahl lokaler Spezialitäten probieren, darunter frisch zubereitete Tlayudas, eine Art mexikanische Pizza, und Mole, eine komplexe und aromatische Sauce.

Wandern im Copper Canyon (Barrancas del Cobre)

Entdecke zu Fuß die atemberaubende Schönheit des Copper Canyon, ein tiefes und weitläufiges Schluchtensystem, das dem Grand Canyon in nichts nachsteht.

Walhaie auf der Isla Holbox

Nutze die einmalige Gelegenheit, mit den sanften Riesen der Meere, den Walhaien, zu schwimmen. Zwischen Juni und September kommen sie in die Gewässer vor der Isla Holbox, um sich von Plankton zu ernähren. Dies ist die beste Zeit, um diese majestätischen Meeresbewohner zu beobachten.

Schmetterlingsreservate in Michoacán

Millionen von Monarchfaltern versammeln sich in den Wäldern von Michoacán, ein Naturphänomen, das jedes Jahr zwischen November und März stattfindet.

Maya-Ruinen in Palenque

Wer in die Geschichte der Maya-Zivilisation eintauchen will, sollte die beeindruckenden Ruinen von Palenque in Chiapas besuchen, die von dichtem Dschungel umgeben sind. Palenque erlebte seine Blütezeit zwischen dem 6. und 8. Jahrhundert n. Chr. Seine architektonischen Strukturen sind beeindruckend und zeugen von der fortschrittlichen Baukunst der Maya. Der Tempel der Inschriften (Templo de las Inscripciones) ist einer der Höhepunkte der Anlage.

Spaziere bei Nacht durch die Straßen von San Miguel de Allende

Erlebe die magische Atmosphäre dieser UNESCO-Weltkulturerbestadt bei einem nächtlichen Spaziergang durch die beleuchteten Kopfsteinpflasterstraßen.

Kajakfahrt auf der Lagune von Bacalar

Paddle auf dem kristallklaren Wasser der »Lagune der sieben Farben« und genieße die Ruhe und Schönheit dieser idyllischen Umgebung.

Tequila-Degustation in Jalisco

Besuche eine traditionelle Tequila-Destillerie im Herzen der Tequila-Produktion und erfahre mehr über den Herstellungsprozess des berühmten mexikanischen Getränks.

GUATEMALA

Vulkan Acatenango

Wandere auf den Gipfel des Acatenango und beobachte den aktiven Vulkan Fuego aus sicherer Entfernung. Erlebe, wie die Lava in der Nacht leuchtet.

Tikal bei Sonnenaufgang

Erlebe die antike Maya-Stadt Tikal in den frühen Morgenstunden. Beobachte, wie der Sonnenaufgang die Tempel in goldenes Licht taucht, und lausche den Geräuschen des erwachenden Dschungels.

Segeln auf dem Lago de Atitlán

Genieße eine Segeltour auf dem malerischen Lago de Atitlán, umgeben von Vulkanen und traditionellen Maya-Dörfern. Das kristallklare Wasser und die ruhige Atmosphäre laden zum Entspannen ein.

Kaffeetour in Antigua

Lerne auf einer Kaffeefarm in der Nähe von Antigua mehr über die Kaffeeproduktion. Genieße frisch gerösteten Kaffee und lerne die Bedeutung des Kaffees für die guatemaltekische Kultur kennen.

Markt in Chichicastenango

Stürze dich in das bunte Treiben auf einem der größten und lebendigsten Märkte Mittelamerikas, auf dem traditionelle Textilien und Kunsthandwerk angeboten werden.

Kajakfahren auf dem Río Dulce

Entdecke die einzigartige Flora und Fauna entlang des Río Dulce beim Kajakfahren. Die ruhigen Gewässer führen durch beeindruckende Canyons und üppigen Regenwald.

Maya-Zeremonie in Iximché

Nimm an einer authentischen Maya-Zeremonie in den Ruinen von Iximché teil. Lerne die spirituellen Traditionen und Rituale der Maya kennen. Die von Bergen und Natur umgebene Stätte war eine bedeutende präkolumbische Stadt der Maya-Kaqchikel und diente als politisches und religiöses Zentrum mit Tempeln, Palästen, Ballspiel- und Zeremonienplätzen.

Tauchen in Punta Gorda

Entdecke die Unterwasserwelt der Karibik in Punta Gorda. Im kristallklaren Wasser kannst du bunte Korallenriffe und exotische Meeresbewohner bewundern.

Wanderung durch den Nebelwald in Cobán

Erlebe die geheimnisvolle Atmosphäre des Nebelwaldes und finde eine Vielzahl seltener Pflanzen und Tiere in diesem einzigartigen Ökosystem. Der Nebelwald spielt eine entscheidende Rolle für das ökologische Gleichgewicht der Region. Er trägt zur Wasserversorgung bei, indem er Nebel sammelt und in Wasser umwandelt.

Höhlen von Lanquín

Wage eine Tour durch die Kalksteinhöhlen von Lanquín. Diese geologischen Wunder bieten atemberaubende Stalaktiten und Stalagmiten sowie kristallklare unterirdische Flüsse.

BELIZE

Tauchen im Great Blue Hole

Erlebe eines der größten Meereswunder der Welt und entdecke die einzigartige Unterwasserwelt dieses riesigen unterseeischen Lochs mit seinen atemberaubenden Steilwänden und seiner vielfältigen Meeresfauna.

Maya-Ruinen von Caracol

Besuche die beeindruckenden Ruinen von Caracol, eine der größten antiken Maya-Städte in Belize, und tauche ein in die Geschichte und Kultur, die diesen Ort umgibt.

Kajakfahren auf dem Macal River

Paddle durch die malerische Landschaft des Macal River, vorbei an üppigem Grün und exotischen Vögeln, und genieße die friedliche Atmosphäre.

Belize Spice Farm & Botanical Gardens

Auf einer geführten Tour durch die Belize Spice Farm lernt man die Vielfalt tropischer Gewürze und Pflanzen kennen – ein aromatisches und farbenfrohes Erlebnis.Dabei werden Gewürze wie Vanille, Zimt, Kakao, Pfeffer und Nelken sowie Pflanzen wie Zitronengras und Hibiskusblüten präsentiert.

Schnorcheln im Hol Chan Marine Reserve

Entdecke die bunte Unterwasserwelt an einem der besten Schnorchelplätze in Belize mit farbenprächtigen Korallenriffen und einer reichen Vielfalt von Fischen.

Erkundung der Höhle von Actun Tunichil Muknal (ATM)

Wer in die geheimnisvolle Welt der Maya vordringen möchte, kann die Höhle von ATM erkunden, die für ihre archäologischen Funde und beeindruckenden Kalksteinformationen bekannt ist.

Dschungelabenteuer im Cockscomb Basin Wildlife Sanctuary

Besuche das erste Jaguar-Schutzgebiet der Welt, wandere durch den üppigen Regenwald und beobachte die vielfältige Tierwelt. Die Schönheit und Wildnis des Regenwaldes lässt sich auf gut ausgeschilderten Wanderwegen erkunden. Die Chance, die majestätischen Großkatzen zu sehen, ist zwar gering, aber das Wissen, sich in ihrem Lebensraum zu befinden, ist aufregend.

Birdwatching im Crooked Tree Wildlife Sanctuary

In diesem einzigartigen Feuchtgebiet kann man eine beeindruckende Vielfalt an Vögeln beobachten. Halte Ausschau nach dem Jabiru-Storch, dem größten flugfähigen Vogel Nord- und Südamerikas.

Schwimmen mit Rochen und Haien in Caye Caulker

Schwimmen mit Rochen und Ammenhaien ist ein unvergessliches Erlebnis in dieser reichen Meereswelt.

Segeltörn um die Inseln des Belize Barrier Reef

Erkunde die Schönheit der Inseln auf einem entspannten Segeltörn und genieße unberührte Strände, kristallklares Wasser und die lässige Atmosphäre der Karibik.

COSTA RICA

Ziplining im Monteverde Nebelwald-Reservat

Erlebe ein Abenteuer in den üppigen Baumkronen des Nebelwaldes. Spüre den Adrenalinkick, während du über das grüne Tal schwebst und die einzigartige Flora und Fauna bewunderst.

Surfen in Santa Teresa

Genieße die Wellen an einem der besten Surfspots Costa Ricas, der für seine konstant guten Surfbedingungen und seine entspannte Atmosphäre bekannt ist.

Nachtwanderung im Tortuguero-Nationalpark

Entdecke das geheimnisvolle Nachtleben des Dschungels bei einer geführten Nachtwanderung. Beobachte nachtaktive Tiere und erlebe den Regenwald in einer ganz anderen Atmosphäre.

Schnorcheln im Nationalpark Cahuita

Halte Ausschau nach bunten Rifffischen wie Papageien- und Kaiserfischen, bewundere die Vielfalt der Korallenarten und lerne das marine Ökosystem in seiner natürlichen Schönheit kennen.

Nationalpark Manuel Antonio

Der Nationalpark ist einer der artenreichsten Biotope des Landes und bietet neben seiner Natur auch traumhafte Strände.

Heiße Quellen von La Fortuna

Entspanne dich in den natürlichen heißen Quellen in der Nähe des Vulkans Arenal. Das mineralhaltige Wasser bietet nicht nur Entspannung, sondern auch einen herrlichen Blick auf den Vulkan.

Wanderung zum Río Celeste-Wasserfall im Tenorio-Vulkan-Nationalpark

Erlebe ein faszinierendes Naturwunder. Das strahlend blaue Wasser des Flusses, dessen Farbe durch mineralische Ablagerungen entsteht, wird dich verzaubern. Auf deiner Wanderung durch den üppigen Regenwald kannst du exotische Pflanzen wie prächtige Orchideen und riesige Farne entdecken. Halte Ausschau nach Kapuzineraffen, die sich in den Baumkronen tummeln, und lausche dem Gesang seltener Vogelarten.

Kajakfahren in den Mangrovenwäldern von Damas Island

Erkunde die Mangrovenwälder mit dem Kajak. Erlebe Affen, Vögel und andere Tiere in ihrem natürlichen Lebensraum.

Reiten am Strand von Guanacaste

Genieße einen entspannten Ausritt und erlebe den Sonnenuntergang hoch zu Ross an einem der schönsten Küstenabschnitte des Landes.

Kaffeetour in den zentralen Tälern

Lerne auf einer Kaffeefarm mehr über Kaffeeanbau und Produktion. Genieße frischen Kaffee und lerne die Traditionen und Techniken des costaricanischen Kaffeeanbaus kennen.

PANAMA

Durchquerung des Panamakanals

Erlebe eine Fahrt durch den berühmten Panamakanal, ein Meisterwerk der Ingenieurskunst, und lerne seine Bedeutung für den Welthandel und die Geschichte Panamas kennen.

Vulkan-Barú-Nationalpark

Besteige den höchsten Punkt Panamas und genieße die atemberaubende Aussicht über das Land und bei klarem Wetter sogar bis zum Pazifik und Atlantik.

Schnorcheln in Bocas del Toro

Entdecke die bunte Unterwasserwelt der Karibik in einem Archipel mit kristallklarem Wasser und reichen Korallenriffen.

Kaffeetour in Boquete

Lerne alles über den Kaffeeanbau im Hochland von Panama. Besuche eine Kaffeefarm in Boquete und probiere einige der besten Kaffeesorten der Welt.

Vogelzug im Metropolitan Natural Park, Panama City

In dieser grünen Oase mitten in der Stadt kannst du den jährlichen Vogelzug mit einer Vielfalt an Vogelarten beobachten, besonders während der Zugzeiten im Frühjahr und Herbst. Zu den Highlights zählen der spektakuläre Kielschnabel-Tukan, der farbenprächtige Trogon und der elegante Motmot.

Emberá-Dörfer am Chagres-Fluss

Beim Besuch eines traditionellen Dorfes kann man die Kultur der Emberá kennenlernen und mehr über ihre Lebensweise, Kunst und Traditionen erfahren. Du kannst sehen, wie sie in ihren malerischen Hütten, den »Chozas«, leben, die aus Palmblättern gebaut sind. Die Emberá sind auch für ihre handgefertigten Kunstwerke bekannt, darunter kunstvolle Körbe, Masken und Schmuck aus natürlichen Materialien wie Baumrinde und Federn. Bei einem Besuch kann man auch traditionelle Musik und Tänze erleben.

Canopy-Tour in El Valle de Antón

Schwinge dich von Plattform zu Plattform durch die Baumwipfel und genieße die einzigartige Flora und Fauna des Tals aus der Vogelperspektive.

Historische Altstadt von Panama City

Schlendere durch Casco Viejo, die charmante Altstadt von Panama City mit ihren Kolonialbauten, malerischen Plätzen und lebhaften Märkten.

Surfen in Santa Catalina

Genieße die Wellen an einem der besten Surfspots Panamas, der für seine konstanten Wellen und seine ruhige Atmosphäre bekannt ist.

Biomuseo in Panama City

Erfahre in diesem von Frank Gehry entworfenen Museum mehr über die biologische Vielfalt Panamas und die Entstehung des Isthmus, der Nord- und Südamerika verbindet.

KUBA

Altstadt von Havanna

Bei einem Spaziergang durch Habana Vieja kannst du das historische Erbe in den Straßen spüren, die Geschichten aus der Kolonialzeit erzählen. Besuche lokale Kunstgalerien und genieße traditionelle kubanische Gerichte in einem der charmanten Restaurants.

Salsa in Santiago de Cuba

Die Stadt gilt als Wiege des Salsa und lässt dich von ihrer Energie anstecken. Besuche die Casa de la Trova und erlebe authentische Livemusik.

Schnorcheln in Playa Girón

Neben der farbenfrohen Unterwasserwelt kannst du die historische Bedeutung der Bucht entdecken, die an die Invasion der Schweinebucht erinnert.

Tabakplantage im Viñales-Tal

Genieße die malerische Landschaft umgeben von Mogotes (karstige Kalksteinhügel) und erlebe die traditionelle Lebensweise der Tabakbauern.

Straßenkunst in Fusterlandia, Havanna

Diese künstlerische Enklave wurde von José Fuster geschaffen, der sich von Gaudí inspirieren ließ. Er verwandelte erst sein eigenes Haus und dann die Nachbarschaft in ein buntes, lebendiges Mosaik-Kunstwerk.

Kajakfahren im Zapata-Sumpf

Das größte Feuchtgebiet der Karibik bietet ein unvergleichliches Naturerlebnis. Halte Ausschau nach dem endemischen kubanischen Krokodil und entdecke die vielfältige Vogelwelt, darunter Flamingos, Pelikane und die seltene Zapata-Amazone.

Wanderung zum Wasserfall El Nicho

Genieße die frische Luft und die natürliche Schönheit der Region, umgeben von dichtem Grün und dem Rauschen des fallenden Wassers.

Nachtleben in Trinidad

Lass dich von der lebendigen Kultur der Stadt mitreißen, besuche historische Plätze und probiere lokale Spezialitäten wie Canchánchara, einen traditionellen kubanischen Cocktail.

Sonnenuntergang am Malecón in Havanna

Erlebe, wie sich die Stadt am Abend verwandelt und der Malecón zum Treffpunkt für Einheimische und Touristen wird. Die Uferpromenade erstreckt sich entlang der Küste und bietet einen atemberaubenden Blick auf das Meer und den Sonnenuntergang. Einige Teile des Malecón sind von historischer Bedeutung, da sie Zeugen der kubanischen Geschichte sind.

Valle de los Ingenios

Entdecke die Ruinen alter Zuckermühlen und Sklavenhäuser, die ein Licht auf die komplexe Vergangenheit Kubas werfen.

DOMINIKANISCHE REPUBLIK

Walbeobachtung in Samaná

Eine einmalige Gelegenheit, Buckelwale in der freien Natur zu beobachten. Jedes Jahr zwischen Januar und März kommen die majestätischen Tiere in die Bucht von Samaná, um zu kalben und sich zu paaren.

Altstadt von Santo Domingo

Spaziere durch die Zona Colonial, das historische Herz der Stadt. Bewundere die gut erhaltenen Kolonialgebäude und entdecke die reiche Geschichte der ersten europäischen Stadt in der Neuen Welt.

Tauchen in Bayahibe

Entdecke die farbenfrohen Korallenriffe und das reiche Meeresleben beim Tauchen. Das Gebiet ist bekannt für sein klares Wasser und seine beeindruckende Unterwasserlandschaft.

Canyoning in Jarabacoa

In den Bergen von Jarabacoa kann man durch atemberaubende Landschaften klettern, durch kristallklare Bergflüsse waten und Wasserfälle hinunterrutschen.

Kiteboarding in Cabarete

Lerne Kiteboarding an einem der weltbesten Spots für diesen Sport. Cabarete bietet ideale Windbedingungen und eine lebendige Szene für Wassersportfans.

Wanderung zum Pico Duarte

Besteige den höchsten Berg der Karibik. Der Pico Duarte bietet eine herausfordernde Wanderung und atemberaubende Ausblicke über die ganze Insel Hispaniola. Die Wanderung führt durch verschiedene Ökosysteme wie dichte Wälder, offene Ebenen und alpine Regionen.

Salto del Limón Wasserfall

Wandere zum Salto del Limón, einem beeindruckenden Wasserfall, der in einen erfrischenden Pool stürzt – ideal für eine Abkühlung. Der Wasserfall und das Becken sind das Ergebnis jahrtausendelanger Erosion. Der Pool am Fuße des Wasserfalls ist normalerweise groß genug, um darin zu schwimmen.

Entspannung in Punta Cana

Genieße einen erholsamen Tag an den weißen Sandstränden, die für ihre atemberaubende Schönheit und das kristallklare Wasser bekannt sind.

Larimar-Schmuckherstellung in Barahona

Lerne mehr über den seltenen blauen Stein, den es nur in der Dominikanischen Republik gibt. Besuche ein Schmuckatelier in Barahona, um zu sehen, wie der Stein verarbeitet wird.

Kulinarische Tour durch Santo Domingo

Probiere Sancocho, einen herzhaften Eintopf, der als Nationalgericht des Landes gilt. Er wird aus verschiedenen Fleischsorten, darunter Huhn, Rind und Schwein, sowie einer Vielzahl von Wurzelgemüsen und Gewürzen zubereitet.

JAMAIKA

Schwimmen in der Luminous Lagoon

Erlebe das Phänomen der biolumineszierenden Mikroorganismen in der Lagune bei Falmouth. Das nächtliche Schwimmen in diesem leuchtenden Gewässer ist ein unvergessliches Erlebnis.

Bob Marley Museum in Kingston

Vertiefe dich in das Leben und die Musik der Reggae-Legende Bob Marley. Das Museum befindet sich in seinem ehemaligen Haus und Studio.

Blue Mountain Peak

Erklimme den höchsten Punkt Jamaikas und genieße den spektakulären Sonnenaufgang mit Blick über die Insel und das Karibische Meer.

Rafting auf dem Martha Brae River

Dieser ruhige Fluss, umgeben von üppigem Grün und der friedlichen Atmosphäre des jamaikanischen Regenwaldes, bietet ein entspannendes Erlebnis.

Dunn's River Falls in Ocho Rios

Diese einzigartigen, terrassenförmig angelegten Wasserfälle stürzen sich über 180 Meter ins Meer, wobei man mit einem Führer sicher die natürlichen Steinstufen hinaufsteigen und unterwegs in kleinen Lagunen und natürlichen Pools baden kann.

Kulinarische Tour durch Montego Bay

Entdecke den Geschmack Jamaikas bei einer kulinarischen Tour durch Montego Bay. Probiere Gerichte wie Jerk Chicken, Ackee und Saltfish sowie süße jamaikanische Backwaren.

Schnorcheln in den Korallenriffen von Negril

Die Riffe beherbergen eine Vielzahl von Meereslebewesen, von bunten tropischen Fischen bis hin zu verschiedenen Korallenarten. Besonders hervorzuheben sind die lebhaften Papageienfische, die eleganten Adlerrochen und die geheimnisvollen Muränen.

Appleton Estate Rum Distillery

Erfahre mehr über die Herstellung von jamaikanischem Rum und probiere das berühmte Getränk in der historischen Destillerie. Die Ursprünge der Appleton Estate gehen auf das Jahr 1749 zurück, als das Anwesen in der Nähe von Nassau Valley in Jamaika gegründet wurde. Im Laufe der Jahrhunderte hat die Brennerei eine reiche Tradition in der Rumherstellung entwickelt.

Entspannung am Seven Mile Beach in Negril

Genieße einen Tag an einem der längsten und malerischsten Strände Jamaikas, bekannt für seinen feinen Sand und das kristallklare Wasser.

Cockpit Country

Entdecke die einzigartige Karstlandschaft von Cockpit Country, eine Region mit außergewöhnlichen Kalksteinformationen, Höhlen und seltener Flora und Fauna.

BAHAMAS

Schwimmen mit Schweinen in Exuma

Erlebe das einzigartige Vergnügen, mit den berühmten schwimmenden Schweinen von Big Major Cay in den kristallklaren Gewässern der Exuma Inseln zu schwimmen. Diese halbwilden Tiere haben sich zu hervorragenden Schwimmern entwickelt und interagieren mit den Besuchern.

Tauchen im Thunderball Grotto

Entdecke die Unterwasserwelt des Thunderball Grotto, bekannt aus dem James-Bond-Film »Thunderball« (Feuerball). Dieser Tauchplatz in der Nähe von Staniel Cay bietet faszinierende Fischschwärme und beeindruckende Felsformationen.

Segeln in der Abaco See

Genieße das Abenteuer eines Segeltörns in kristallklarem Wasser und entdecke abgelegene Inseln, versteckte Buchten und unberührte Strände.

Nassau Straw Market

Stöbere auf dem lebhaften Markt nach handgemachten Souvenirs, Strohprodukten und einzigartigen Kunstwerken und unterstütze damit das lokale Kunsthandwerk.

Andros Island

Erkunde die größte, aber am wenigsten bewohnte Insel der Bahamas. Entdecke die üppigen Pinienwälder, die vielfältige Tierwelt und die geheimnisvollen blauen Löcher von Andros.

Atlantis Paradise Island

Entdecke das Atlantis Resort auf Paradise Island, ein spektakuläres Reiseziel mit Wasserpark, Aquarium und vielen Unterhaltungsmöglichkeiten.

Piratenmuseum in Nassau

Tauche ein in die faszinierende Geschichte der Piraten. Erfahre mehr über das goldene Zeitalter der Piraterie und berühmte Piratenpersönlichkeiten.

Kajakfahren in den Mangroven von Grand Bahama

Paddle durch die ruhigen Gewässer der Mangrovenwälder von Grand Bahama. Entdecke die vielfältige Flora und Fauna dieses einzigartigen Ökosystems. Das dichte Wurzelwerk der Mangroven verhindert Erosion und dient als natürliche Barriere gegen Sturmfluten. Sie bieten einer Vielzahl von Wasservögeln, Fischen und Krebsen Lebensraum und Nahrung.

Schnorcheln am Andros Barrier Reef

Erlebe die faszinierende Unterwasserwelt am Andros Barrier Reef, dem drittgrößten Barriereriff der Welt. Bestaune farbenprächtige Korallen, tropische Fische und vielleicht sogar Meeresschildkröten.

Bahamas Junkanoo Festival

Lass dich vom Junkanoo Festival, dem größten Kulturereignis der Bahamas, mitreißen. Erlebe lebendige Paraden, farbenfrohe Kostüme und den mitreißenden Rhythmus traditioneller Musik und Tänze.

BARBADOS

Wracktauchen in der Carlisle Bay

Schwimme durch versunkene Schiffswracks und entdecke eine Vielzahl von Meereslebewesen. Die historischen Wracks bieten faszinierende Einblicke in die maritime Vergangenheit der Region.

Kunstszene in Bridgetown

Erkunde die Kunstgalerien in Bridgetown, um die lebendige Kunstszene kennenzulernen und lokale Kunstwerke zu bewundern.

Rumverkostung in der Mount Gay Distillery

Besuche die älteste Rumbrennerei der Welt, die seit 1703 in Betrieb ist. Hier lernt man die traditionellen Herstellungsmethoden kennen und kann verschiedene Sorten probieren, von vollmundigen und komplexen Aromen bis hin zu milderen und süßeren Varianten.

Barbados Wildlife Reserve

Hier kann man frei lebende Tiere wie Grüne Meerkatzen, Schildkröten und exotische Vögel in ihrem natürlichen Lebensraum beobachten.

Schwimmen mit Schildkröten

Segel die Küste entlang und schwimme mit den majestätischen Schildkröten, die in den Gewässern rund um die Insel leben.

Surfen am Soup Bowl in Bathsheba

An einem der besten Surfspots der Welt, der für seine perfekten Wellen und das atemberaubende Küstenpanorama bekannt ist.

Harrison's Cave

Erkunde eine atemberaubende unterirdische Welt und fahre mit der Straßenbahn durch die weitläufigen Höhlen und bewundere die beeindruckenden Stalaktiten und Stalagmiten.

Oistins Fish Fry in Oistins Bay Gardens

Erlebe einen Abend in einem charmanten Fischerdorf an der Südküste. Genieße den Sonnenuntergang bei frisch gegrilltem Fisch und rhythmischer Calypso- und Reggae-Musik.

Golf spielen im Royal Westmoreland Golf & Country Club

Spiele eine Runde Golf auf einem der malerischsten Golfplätze von Barbados. Der Platz bietet nicht nur herausfordernde Fairways und Greens, sondern auch atemberaubende Ausblicke auf das Meer.

Welchman Hall Gully

Entdecke die einzigartige Flora und Fauna bei einem Spaziergang durch den ehemaligen Lavakanal, der heute ein üppiger tropischer Garten ist. Welchman Hall Gully befindet sich im Herzen der Insel und bot einen natürlichen Pfad durch den dichten Wald, der das Gebiet einst bedeckte. Es wird vermutet, dass die ersten Siedler, die im 17. Jahrhundert auf die Insel kamen, diesen natürlichen Pfad nutzten, um sich durch das Innere der Insel zu bewegen.

ST. LUCIA

Besteigung der Pitons

Erklimme die beiden Vulkankegel und genieße die atemberaubende Aussicht vom Gros Piton auf die Insel und das Karibische Meer.

Sulphur Springs

Lass dich in den natürlichen Thermalquellen von Soufrière verwöhnen. Die heilenden Eigenschaften des vulkanischen Schlamms bieten ein einmaliges Wellness-Erlebnis.

Pigeon-Island-Nationalpark

Erkunde die historischen Ruinen und Festungen an einem wichtigen Schauplatz der Kolonialgeschichte und genieße den Panoramablick auf die Küste. Die Insel wechselte mehrmals zwischen britischer und französischer Kontrolle. Jede dieser Mächte hinterließ ihre Spuren in Form von Festungen, Kanonen und anderen militärischen Bauten, die noch heute zu sehen sind.

Diamond Botanical Gardens

Schlendere durch eine Pflanzenwelt, die von exotischen Orchideen bis zu majestätischen Palmen reicht, und zum Diamond Waterfall, einem sehenswerten Wasserfall, dessen Farben sich durch Mineralablagerungen ständig verändern. Neben der Flora kann man auch die historischen Thermalbäder erkunden, die einst vom französischen König Ludwig XVI. erbaut wurden.

Kajakfahrt in der Marigot Bay

Paddle durch die ruhige und landschaftlich reizvollste Bucht der Karibik und entdecke ihre versteckten Schönheiten.

Edmund Forest Reserve

Wandere durch das Edmund Forest Reserve und entdecke die üppige tropische Vegetation, versteckte Wasserfälle und eine Vielzahl von Vogelarten.

Zipline-Abenteuer im Regenwald

Starte dein Abenteuer im Treetop Adventure Park. Auf mehreren Seilrutschen unterschiedlicher Länge und Höhe erlebst du die üppige Landschaft aus einer einzigartigen Perspektive.

Segeln entlang der Küste

Starte deinen Segeltörn in der Rodney Bay. Diese Lage bietet direkten Zugang zu den schönsten Küstenabschnitten mit Blick auf üppig grüne Hügel, klares Wasser und die charakteristischen Pitons.

Markt in Castries

Hier gibt es frisches Obst und Gemüse aus der Region, wie z. B. Mango, Brotfrucht und Christophinen. Neben Lebensmitteln findest du auch eine große Auswahl an Kunsthandwerk.

Schnorcheln in der Anse Chastanet Bay

Entdecke die Unterwasserwelt der Bucht, die für ihre exotischen Fische und das lebendige Korallenriff bekannt ist.

GRENADA

Unterwasser-Skulpturenpark

Erlebe ein einzigartiges Taucherlebnis im weltweit ersten Unterwasser-Skulpturenpark in der Nähe der Molinere Bay. Bestaune die faszinierenden Skulpturen, die auch das Meeresleben fördern.

Gewürztour auf einer Muskatnussplantage

Besuche eine der vielen Muskatnussplantagen. Erfahre, warum die Insel als »Gewürzinsel« bekannt ist, und lerne den Verarbeitungsprozess von der Ernte bis zum fertigen Produkt kennen.

Seven Sisters Waterfall

Wandere durch den üppigen Regenwald zu den beeindruckenden Wasserfällen. Belohne dich mit einem erfrischenden Bad in den natürlichen Pools.

Segel um die Grenadinen

Beginne auf Union Island, einem guten Ausgangspunkt für Erkundungen. Von hier aus kannst du zu verschiedenen malerischen Inseln segeln, wie zum Beispiel Tobago Cays, einem atemberaubenden Archipel mit unberührten Riffen.

Grand Anse Beach

Verbringe einen Tag an einem der schönsten Strände der Welt. Genieße den feinen Sand, das türkisblaue Wasser und die malerische Kulisse.

Fort Frederick

Das Fort wechselte während der turbulenten Kolonialzeit mehrmals den Besitzer zwischen Briten und Franzosen, was seine komplexe und wechselvolle Geschichte widerspiegelt.

River Tubing auf dem Balthazar River

Ausgerüstet mit einem speziellen Schlauch und einer Schwimmweste geht es auf eine aufregende Fahrt durch die natürlichen Stromschnellen des Flusses. Die Ufer des Flusses sind von üppiger tropischer Vegetation umgeben, die eine atemberaubende Kulisse für das Abenteuer bietet.

Kajakfahren in den Mangroven

Entdecke die stille Schönheit der Mangrovenwälder mit dem Kajak. Beobachte Vögel und die einzigartige Flora und Fauna.

Rum-Destillerie-Tour

Besuche die River Antoine Rum-Destillerie in Grenada, die älteste noch in Betrieb befindliche Wasserrad-Rum-Destillerie der Karibik.

Marktbesuch in St. George's

Von exotischen Früchten wie Sapodilla, Sternfrucht und Brotfrucht bis hin zu frischem Gemüse – der Markt ist ein Paradies für Liebhaber frischer, natürlicher Lebensmittel. Besonders hervorzuheben sind die Gewürze, denn Grenada ist bekannt für seine qualitativ hochwertige Muskatnuss, Zimt und Gewürze.

TRINIDAD UND TOBAGO

Schildkrötenbeobachtung in Grande Riviere

Beobachte die Lederschildkröten bei der Eiablage an den Stränden von Grande Riviere. Dieses Naturschauspiel findet zwischen März und August statt und ist ein einzigartiges Naturerlebnis.

Karneval in Port of Spain

Lass dich vom bunten Treiben des Karnevals in Trinidad, einem der lebhaftesten und farbenprächtigsten Feste der Welt, mitreißen. Erlebe pulsierende Paraden, farbenfrohe Kostüme und rhythmische Soca-Musik.

Wandern im Regenwald des Asa Wright Nature Centre

Entdecke die üppige Flora und Fauna des Naturschutzgebietes im Norden Trinidads. Beobachte auf geführten Wanderungen exotische Vögel und entdecke seltene Pflanzenarten.

Pigeon Point Beach, Tobago

Genieße entspannte Stunden am Pigeon Point Beach, einem der schönsten Strände Tobagos mit weißem Sand und kristallklarem Wasser – perfekt zum Schwimmen und Sonnenbaden.

Straßenküche von Port of Spain

Probiere lokale Spezialitäten wie Doubles, Roti und Bake and Shark auf einer kulinarischen Tour durch die Hauptstadt.

Steel-Pan-Musik in der Hauptstadt Port of Spain

Lerne die Steel-Pan-Musik kennen, die Seele von Trinidad und Tobago. Besuche einen Pan Yard, um den Musikern beim Proben zuzusehen, oder nimm an einem Workshop teil.

Buccoo Reef

Tauche ein in die bunte Unterwasserwelt des Buccoo Reef, einem der spektakulärsten Korallenriffe der Karibik. Schnorchle im flachen Wasser oder tauche tiefer, um die ganze Pracht des Riffs zu erleben.

Pitch Lake in La Brea

Erkunde den größten natürlichen Asphaltsee der Welt, den Pitch Lake in La Brea. Ein einzigartiges geologisches Phänomen, das Wissenschaftler und Besucher gleichermaßen fasziniert.

Fort King George, Tobago

Erkunde die gut erhaltene historische Festung mit atemberaubendem Blick auf die Karibikküste und erfahre mehr über die Kolonialgeschichte der Inseln. Wie viele karibische Inseln war auch Tobago Teil des transatlantischen Sklavenhandels. Fort King George spielte als militärischer und administrativer Knotenpunkt eine Rolle in diesem System, das die Geschichte der Region und ihrer Bevölkerung nachhaltig prägte.

Nariva Swamp

Beobachte Kapuziner- und Rote Brüllaffen, Manatis und eine Vielzahl von Vogelarten im größten Feuchtgebiet Trinidads.

ANTIGUA UND BARBUDA

Segeltörn rund um Antigua

Entdecke die atemberaubende Küste Antiguas auf einem Segelboot. Erkunde einsame Buchten und genieße das kristallklare Wasser – ideal zum Schwimmen und Schnorcheln.

Nelson's Dockyard National Park

Lerne die Geschichte der einzigen georgischen Werft kennen, die noch in Betrieb ist. Bestaune die historischen Gebäude und genieße den Blick auf die Hafenbucht.

Strandtag auf Barbuda

Verbringe einen entspannten Tag an einem der rosafarbenen Sandstrände, die für ihre unberührte Schönheit und Ruhe berühmt sind. Ein perfekter Ort, um dem Trubel zu entfliehen.

Wandern im Wallings Nature Reserve, Antigua

Starte dein Regenwald-Abenteuer in diesem geschützten Gebiet im Herzen Antiguas, das für seine üppige Vegetation und natürliche Schönheit bekannt ist.

Schnorcheln am Cades Reef

Beim Schnorcheln am zwei Meilen langen Barriereriff kann man farbenprächtige Korallenformationen bewundern, die Lebensraum für eine Vielzahl anderer Meerestiere bieten.

Historische Tour durch St. John's

Besuche die farbenfrohe Hauptstadt mit ihren lebhaften Märkten, charmanten Kolonialgebäuden und der berühmten St. John's Kathedrale.

Kajakfahren in den Mangrovenwäldern der Südküste, Antigua

Dieses Gebiet ist bekannt für seine ausgedehnten Mangrovenökosysteme, die eine wichtige Rolle im maritimen Lebensraum spielen. Erkunde die ruhigen Gewässer, die einer Vielzahl von Meereslebewesen wie Krabben, Fischen und manchmal sogar kleinen Haien ein Zuhause bieten.

Frigate Bird Sanctuary

Hier kann man eine der weltweit größten Kolonien von Fregattvögeln in ihrem natürlichen Lebensraum beobachten. Sie gehören zu den Vögeln mit der größten Flügelspannweite im Verhältnis zum Körpergewicht, was es ihnen ermöglicht, mit minimalem Energieaufwand weite Strecken zu fliegen. Sie können stundenlang ohne Flügelschlag segeln.

Barbuda Cruise

Während die Sonne am Horizont untergeht, kann man die atemberaubenden Farben des Himmels bewundern, die sich im kristallklaren Wasser der Karibik spiegeln.

Antigua Carnival

Tauche ein in eine einzigartige kulturelle Mischung aus afrikanischen, britischen und einheimischen Einflüssen, die sich in Musik, Kostümen und Tänzen widerspiegeln.

PUERTO RICO

Biolumineszentes Kajakfahren in der Laguna Grande

Erlebe das magische Leuchten des biolumineszenten Planktons bei Nacht, während du durch das ruhige Wasser der Lagune gleitest.

El Yunque National Forest

Entdecke den einzigen tropischen Regenwald im National Forest System. Wandere zu versteckten Wasserfällen, bestaune die vielfältige Flora und Fauna und genieße den Panoramablick vom Yokahú-Turm.

Historischer Rundgang durch das alte San Juan

Spaziere durch die kopfsteingepflasterten Straßen von Old San Juan, umgeben von farbenfrohen Kolonialgebäuden und historischen Festungen wie El Morro und San Cristóbal.

Die Höhlen von Rio Camuy

Diese atemberaubenden Kalksteinhöhlen liegen im Norden Puerto Ricos und wurden vom drittgrößten unterirdischen Fluss der Welt, dem Río Camuy, geformt.

Segeln rund um Vieques

Genieße einen Segeltörn rund um die Insel Vieques, die für ihre unberührten Strände und das Vieques National Wildlife Refuge bekannt ist. Erlebe die Ruhe und Schönheit dieser abgelegenen Insel.

Schnorcheln auf Culebra

Die Insel ist bekannt für ihren Flamenco Beach, einen der schönsten Strände der Welt. Schnorchle im klaren Wasser und entdecke die bunte Unterwasserwelt.

Besuch der Kaffeefarmen in den Zentralbergen

Lerne mehr über die Kaffeeproduktion in Puerto Rico, indem du eine traditionelle Kaffeefarm besuchst.

Ponce

Entdecke die »Perle des Südens« mit ihrem reichen architektonischen Erbe, Kunstmuseen und der berühmten Feuerwache Parque de Bombas. Dieses markante, rot-schwarz gestreifte Gebäude ist eines der bekanntesten Wahrzeichen der Stadt. Ursprünglich als Hauptpavillon für die Puerto Rico Exhibition Fair 1882 erbaut, diente es später als Feuerwache und ist heute ein Museum zur Geschichte der Feuerwehr in Ponce.

Street-Art in Santurce

Das pulsierende Zentrum der zeitgenössischen Kunstszene ist vor allem für seine beeindruckende Straßenkunst bekannt. Es bietet die Möglichkeit, zeitgenössische Kunst in verschiedenen Medien zu erleben und in direkten Kontakt mit den Künstlern zu treten.

Traditionelle Fiestas Patronales

Ein Besuch einer der vielen Fiestas Patronales, der traditionellen Feste zu Ehren der Schutzheiligen der Stadt, lohnt sich.

ARUBA

Tauchen am Schiffswrack der »Antilla«

Entdecke eines der größten Schiffswracks der Karibik, die »Antilla«, vor der Küste Arubas. Dieses beeindruckende Wrack bietet eine einzigartige Unterwasserwelt für Taucher aller Könnensstufen.

Flamingo Beach auf Renaissance Island

Verbringe einen Tag auf dieser privaten Insel, wo du die berühmten Flamingos am Strand beobachten und dich inmitten dieser außergewöhnlichen Tiere entspannen kannst.

Arikok-Nationalpark

Der Nationalpark, der etwa 18 % der Landfläche Arubas einnimmt, ist ein Naturschatz mit einer einzigartigen Mischung aus trockenen, wüstenähnlichen Gebieten und feuchteren Regionen. Zu den seltenen Pflanzenarten gehören verschiedene Kakteenarten, Divi-Divi-Bäume und Aloe Vera.

Kitesurfen am Hadicurari Beach

Lerne Kitesurfen am Hadicurari Beach, auch bekannt als »Fisherman's Huts«, einem der besten Orte zum Kitesurfen aufgrund der idealen Windbedingungen.

Oranjestad

Bewundere die leuchtenden Pastellfarben und die einzigartigen architektonischen Details der Gebäude im niederländischen Kolonialstil.

Schnorcheln am Baby Beach

Das kristallklare Wasser bietet eine hervorragende Sicht, um auf die bunte und vielfältige Unterwasserwelt in all ihrer Pracht zu erleben.

Alto Vista Chapel

Die ursprüngliche Kapelle wurde 1750 von spanischen Missionaren errichtet und gilt als Ort, an dem das Christentum auf Aruba eingeführt wurde. Das ursprüngliche Gebäude der Kapelle Alto Vista verfiel im Laufe der Jahre. Die heutige Kapelle ist eine Rekonstruktion aus dem Jahr 1952 mit dem Ziel, die historische und spirituelle Bedeutung des Ortes zu erhalten und wiederzubeleben.

Sonnenuntergangssegeln entlang der Küste

Genieße einen romantischen Sonnenuntergangssegeltörn entlang der malerischen Küste Arubas. Erlebe den spektakulären Sonnenuntergang auf dem offenen Meer.

Quad-Tour durch die Wüste

Erlebe ein Offroad-Abenteuer durch die Wüstenlandschaft Arubas. Fahre durch unwegsames Gelände und entdecke versteckte Schätze der Insel.

California-Leuchtturm

Benannt nach dem Dampfschiff »California«, das 1891 vor der Küste Arubas sank, bietet der Leuchtturm einen spektakulären 360-Grad-Blick auf die Karibikküste, die Sanddünen und das umliegende Meer. An klaren Tagen kann man sogar die Küste von Venezuela sehen.

Südamerika

KOLUMBIEN

Salsa tanzen in Cali

In der Hauptstadt des Salsa wirst du in die Welt des Salsa hineingezogen. Besuche lokale Tanzclubs und Schulen, um die leidenschaftlichen Schritte und Rhythmen dieser faszinierenden Tanzkultur zu erlernen.

Kaffee-Tour in der Zona Cafetera

Lerne im Herzen Kolumbiens den Prozess der Kaffeeproduktion von der Ernte bis zur Tasse kennen und genieße die atemberaubende Landschaft der grünen Hügel.

Ciudad Perdida

Begib dich auf eine mehrtägige Trekkingtour zur »verlorenen Stadt«, die tief in der Sierra Nevada de Santa Marta verborgen liegt. Lerne uralte Ruinen kennen, die älter als Machu Picchu selbst sind.

Karneval von Barranquilla

Nimm an einem der größten und farbenprächtigsten Karnevalsfeste Südamerikas teil. Genieße die farbenfrohen Umzüge, die lebendigen Kostüme und die mitreißende Musik.

Street-Art-Tour in Bogotá

Entdecke die faszinierende Welt der Straßenkunst. Bewundere die vielfältigen Wandmalereien und erfahre die Geschichten und Botschaften hinter den Kunstwerken.

Tauchen in San Andrés

Die Insel ist umgeben von zum Teil historischen Schiffswracks, die nicht nur eine faszinierende Kulisse bieten, sondern auch Lebensraum für viele Meeresbewohner sind.

Gleitschirmfliegen über Medellín

Wer über der Stadt dahinsegelt, hat nicht nur einen atemberaubenden Blick auf die umliegenden Berge und Täler, sondern auch auf eine der dynamischsten Städte Südamerikas.

Goldmuseum, Bogotá

Präkolumbianische Goldschätze in einem der bedeutendsten Museen dieser Art der Welt. Die Sammlung umfasst Artefakte verschiedener indigener Kulturen Kolumbiens, insgesamt über 55 000 Exponate, davon mehr als 34 000 aus Gold.

Kajakfahren im Amazonas

Erlebe die üppige Regenwaldlandschaft und beobachte die reiche Tierwelt in diesem atemberaubenden Ökosystem. Der kolumbianische Teil des Amazonasbeckens hat seine eigenen Merkmale: spektakuläre Flusslandschaften, von ruhigen Gewässern bis zu starken Strömungen; bekannt für seine üppige Vegetation mit einer Vielzahl von exotischen Pflanzen.

Salzkathedralen von Zipaquirá

Besuche die unterirdische Kirche, die tief in einem Salzbergwerk gebaut wurde. Bewundere die kunstvollen Skulpturen und die einzigartige Architektur dieses erstaunlichen unterirdischen Heiligtums.

VENEZUELA

Angel Falls
Bestaune den höchsten Wasserfall der Welt im Canaima-Nationalpark. Bei einem Rundflug über die Wasserfälle oder bei einer Bootstour zum Wasserfall kannst du das majestätische Naturschauspiel aus der Luft erleben.

Sandboarding in den Médanos de Coro
Rase die riesigen Sanddünen in der Nähe von Coro hinunter, eine einzigartige Wüstenlandschaft, die einen starken Kontrast zu den üblichen tropischen Landschaften Venezuelas bildet.

Schnorcheln in Los Roques
Der Nationalpark bietet außergewöhnlich klares Wasser mit einer Sichtweite von bis zu 30 Metern – ideal zum Schnorcheln.

Teleférico de Mérida
Fahre mit der längsten und höchsten Seilbahn der Welt. Genieße atemberaubende Ausblicke auf die Anden und besuche die Station Pico Espejo auf über 4700 Metern Höhe.

Kajak im Orinoco-Delta
Paddle durch eines der größten Flussdeltas der Welt. Entdecke die reiche Flora und Fauna und lerne die indigene Kultur der Warao kennen.

Nationalpark Sierra Nevada

Entdecke den Nationalpark in den venezolanischen Anden. Wandere zu malerischen Lagunen und erlebe die beeindruckende Berglandschaft.

Stadterkundung in Caracas

Erlebe das pulsierende Stadtleben und besuche kulturelle Sehenswürdigkeiten wie das Museo de Bellas Artes und den Parque Central.

Ciudad Bolívar

Früher Angostura genannt, war die Stadt ein zentraler Ort im Unabhängigkeitskampf Venezuelas. Simón Bolívar, der Befreier Südamerikas, nutzte sie als Basis für seine Kampagnen und hielt hier 1819 den berühmten Kongress von Angostura ab.

Cueva del Guácharo

Besuche die größte Höhle Venezuelas. Erkunde die unterirdischen Gänge und entdecke den Lebensraum des Ölvogels, einer seltenen Vogelart. Der Name »Ölvogel« leitet sich von den öligen, fettreichen Küken ab. Früher wurden diese Jungvögel von der einheimischen Bevölkerung wegen ihres Fettes gejagt.

Kulinarische Tour in Maracaibo

Genieße die lokale Spezialität Arepas, die in ganz Venezuela beliebt ist, hier aber in einer eigenen Variante mit einer Vielzahl von Füllungen angeboten wird, von einfachen Käse-Arepas bis hin zu aufwendigeren Kreationen mit Avocado, Bohnen und Fleisch.

BRASILIEN

Karneval in Rio de Janeiro

Mit spektakulären Umzügen, farbenfrohen Kostümen und mitreißender Sambamusik den weltberühmten Karneval in Rio de Janeiro miterleben.

Amazonas-Expedition ab Manaus

Reise mit dem Boot durch das größte Regenwaldgebiet der Erde, beobachte exotische Tiere und lerne die Lebensweise der Ureinwohner kennen.

Iguazú-Wasserfälle

Bestaune die majestätischen Wasserfälle an der Grenze zu Argentinien. Erlebe die Kraft des Wassers bei einer Bootstour oder erkunde die umliegenden Wanderwege im Nationalpark.

Fernando de Noronha

Entspanne dich an den paradiesischen Stränden einer idyllischen Inselgruppe im Atlantik. Das kristallklare Wasser lädt zum Schnorcheln und Tauchen ein.

Salvador da Bahia

Erlebe die faszinierende afrobrasilianische Kultur in der ersten Hauptstadt Brasiliens. Die Stadt gilt als Zentrum des Candomblé, einer afrobrasilianischen Religion, und bietet zahlreiche kulturelle Veranstaltungen, die ihre afrikanischen Wurzeln feiern.

Pantanal-Safari

Entdecke eines der größten Feuchtgebiete der Welt. Beobachte eine Vielzahl von Tieren wie Kaimane, Anacondas und bunte Vögel in diesem reichen Ökosystem.

Minas Gerais

Besuche historische Städte wie Ouro Preto und Tiradentes. Bewundere die barocke Architektur und lerne mehr über die Geschichte des Goldrausches in Brasilien. Der Goldrausch begann Ende des 17. Jahrhunderts, als in der Region Gold gefunden wurde. Diese Entdeckung löste einen massiven Zustrom von Siedlern und Abenteurern aus, die ihr Glück in den Goldminen suchten.

Kitesurfen in Cumbuco

Ein kleines Fischerdorf in der Nähe von Fortaleza hat sich zu einem weltberühmten Hotspot für Kitesurfer entwickelt. Die Kombination aus Strand, Meer, Dünen und konstanten Winden schafft ideale Bedingungen.

Chapada Diamantina

Entdecke geheimnisvolle Höhlen und kristallklare Flüsse, während du durch atemberaubende Landschaften wanderst und dich in natürlichen Pools erfrischst.

Kochkurs in São Paulo

Koche Feijoada, das Nationalgericht Brasiliens, einen deftigen Eintopf aus schwarzen Bohnen und verschiedenen Fleischsorten wie Schwein und Rind. In diesem Gericht spiegeln sich Geschichte und Kultur des Landes wider.

ECUADOR

Galapagos-Inseln

Erlebe die faszinierende Welt der Riesenschildkröten, Blaufußtölpel und Meerechsen in einem Ökosystem, das Darwins Evolutionstheorie inspirierte.

Straße der Vulkane

Reise entlang der berühmten »Avenida de los Volcanes«. Bestaune die majestätischen Gipfel der Vulkane Cotopaxi und Chimborazo.

Markt von Otavalo

Tauche ein in die farbenfrohe Kultur eines der größten und lebendigsten indigenen Märkte Südamerikas. Entdecke handgefertigtes Kunsthandwerk, Kleidung sowie lokale Spezialitäten.

Kulturelle Begegnungen im Amazonasgebiet

Besuche eine indigene Gemeinschaft im Yasuní-Nationalpark. Hier hast du die Möglichkeit, die Gemeinschaft der Kichwa kennenzulernen, die tief im Regenwald lebt. Erfahre aus erster Hand, wie sie mit traditionellen Jagd-, Fischerei- und Anbaumethoden im Einklang mit der Natur leben.

Wale beobachten in Puerto López

Zwischen Juni und September kann man Buckelwale beobachten. Diese majestätischen Tiere ziehen an der Küste entlang.

Schokoladentour in Mindo

Schau dir eine Kakaoplantage in Mindo im ecuadorianischen Nebelwald an. Lerne alles über die Herstellung von der Bohne bis zur Tafel und probiere einige der weltbesten Schokoladen.

Abenteuer in Baños

Erlebe Adrenalin pur in Ecuadors Abenteuerhauptstadt. Wage dich an Aktivitäten wie Bungee Jumping, Rafting oder erkunde die zahlreichen Wasserfälle und heißen Quellen.

Historisches Quito

Entdecke ein Juwel aus der Kolonialzeit, dessen historisches Zentrum als das am besten erhaltene und am wenigsten veränderte in ganz Lateinamerika gilt. Erlebe eine Zeitreise in die Kolonialzeit, geprägt von einer Architektur, die spanische, italienische, maurische, flämische und indigene Kunst vereint.

Cajas-Nationalpark

Hunderte von Seen und eine beeindruckende Andenlandschaft mit einer vielfältigen Flora und Fauna in diesem hoch gelegenen Ökosystem.

Zugfahrt zur Teufelsnase

Nimm den Zug zur »Nariz del Diablo«, einer der eindrucksvollsten Zugstrecken der Welt. Erlebe spektakuläre Ausblicke, während sich der Zug seinen Weg durch die Anden bahnt. Mit dem Bau der Eisenbahnlinie wurde Ende des 19. Jahrhunderts begonnen. Ziel war es, die Andenregion mit der Küste zu verbinden.

PERU

Machu Picchu bei Sonnenaufgang

Beginne den Tag in der mystischen Atmosphäre der alten Inkastadt, wenn die ersten Sonnenstrahlen die Ruinen erleuchten.

Sandboarding in Huacachina

Rase die Sandhänge der höchsten Dünen Südamerikas hinunter.

Kulinarische Tour durch Lima

Erfahre mehr über Limas Ruf als kulinarische Hauptstadt Südamerikas. Probiere lokale Spezialitäten wie Ceviche und Pisco Sour und lerne, wie sie zubereitet werden.

Colca Canyon

Besuche eine der tiefsten Schluchten der Welt. Bewundere die atemberaubende Landschaft und halte Ausschau nach den majestätischen Andenkondoren, die zu den größten flugfähigen Vögeln der Welt zählen. Mit einer beeindruckenden Flügelspannweite von bis zu 3 Metern gleiten sie elegant über die Schluchten des Canyons.

Amazonas-Dschungel-Erlebnis in Iquitos

Stürze dich in die üppige Vielfalt des Amazonasbeckens. Fahre mit dem Boot entlang der Flüsse, entdecke die reiche Tierwelt und lerne die Lebensweise der indigenen Gemeinschaften kennen.

Ruinen von Chan Chan

In den Ruinen der größten Lehmadobestadt der präkolumbischen Epoche lässt sich die hoch entwickelte Kultur der Chimú-Zivilisation entdecken. Die Stadt zeichnet sich durch kunstvolle Lehmziegelbauten, komplexe Bewässerungssysteme und detaillierte Wandreliefs aus.

Nazca-Linien

Erlebe die geheimnisvollen Nazca-Linien aus der Vogelperspektive. Ein Flug über diese riesigen Geoglyphen bietet einen einzigartigen Blick auf eines der größten Rätsel der Archäologie. Sie bestehen aus Hunderten von Einzelfiguren, die von einfachen Linien und geometrischen Formen bis hin zu komplexen Tier- und Pflanzendarstellungen reichen.

Kajakfahrt auf dem Titicacasee

Paddel auf dem höchstgelegenen schiffbaren See der Welt und besuche die schwimmenden Inseln der Uros, um mehr über ihre einzigartige Kultur und Traditionen zu erfahren.

Inka-Trail

Wandere auf dem historischen Inka-Trail, der durch atemberaubende Andenlandschaften und vorbei an alten Ruinen zum sagenumwobenen Machu Picchu führt.

Inti Raymi Festival in Cusco

Nimm teil am Fest der Sonne, das jedes Jahr gefeiert wird. Dieses farbenfrohe Fest ist eine Hommage an die Inka-Kultur und ihre Traditionen.

BOLIVIEN

Salar de Uyuni

Erlebe die größte Salzwüste der Welt bei Sonnenaufgang. Das Zusammenspiel von Licht und spiegelglatter Oberfläche schafft eine surreale und unvergessliche Landschaft.

Downhill-Biking auf der »Straße des Todes«

Wage eine adrenalingeladene Abfahrt auf der berüchtigten »Todesstraße«, die für ihre steilen Abhänge und atemberaubenden Ausblicke berüchtigt ist.

Kulturerbe in Sucre

Entdecke die Kolonialstadt Sucre, die verfassungsmäßige Hauptstadt Boliviens. Schlendere durch die weiß getünchten Straßen, besuche historische Gebäude und erlebe die lebendige Kultur.

Trekking im Torotoro-Nationalpark

Erkunde den für seine beeindruckenden Schluchten, prähistorischen Fußabdrücke und faszinierenden Höhlen bekannten Nationalpark.

Titicacasee

Besuche die heiligen Stätten der Andenkultur, insbesondere die Isla del Sol, die als spirituelles Zentrum gilt. Die Rituale hier sind tief in der indigenen Kosmovision verwurzelt und stellen eine Verbindung zwischen der Erde (Pachamama), den Bergen (Apu) und dem See selbst her.

Markterlebnis in La Paz

Lass dich vom bunten Treiben des Hexenmarktes mitreißen. Entdecke traditionelles Andenhandwerk und erfahre mehr über die lokale Aymara-Kultur.

Amazonas-Abenteuer in Rurrenabaque

Entdecke auf geführten Touren den Madidi-Nationalpark und die Yacuma-Pampas mit ihrer außergewöhnlichen Vielfalt an Flora und Fauna, darunter rosa Flussdelfine, Kaimane und eine Vielzahl an Vogelarten.

Höhlenkunde in Potosí

Besuche die historischen Minen der einst größten Silbermine der Welt. Erfahre mehr über die bewegte Geschichte der Stadt und die Lebensbedingungen der Minenarbeiter. Das geförderte Silber war eine wichtige Einnahmequelle für das spanische Reich und trug wesentlich zur damaligen Weltwirtschaft bei.

Valle de la Luna

Wandere durch das Valle de la Luna in der Nähe von La Paz. Die verwitterten Sandsteinformationen bieten eine Mondlandschaft und ein einzigartiges Naturerlebnis.

Kochkurs in Cochabamba

Diese Stadt ist berühmt für die Vielfalt an Zutaten und Aromen, die man auf den lokalen Märkten findet. Ein Kochkurs hier bietet nicht nur die Möglichkeit, Kochtechniken zu erlernen, sondern auch die Kultur und Traditionen Boliviens durch die Küche kennenzulernen.

CHILE

Sternenbeobachtung in der Atacama-Wüste

Erlebe einen der klarsten Nachthimmel der Welt. Nutze die weltberühmten Observatorien, um Sterne und Galaxien zu beobachten.

Trekking im Torres-del-Paine-Nationalpark

Wandere durch eine atemberaubende Landschaft mit türkisfarbenen Seen und imposanten Berggipfeln. Entdecke die einzigartige Flora und Fauna in diesem unberührten Teil Patagoniens.

Weinprobe im Colchagua-Tal

Besuche eines der bekanntesten Weinanbaugebiete Chiles. Lerne mehr über die Weinherstellung und probiere einige der besten chilenischen Weine direkt im Weingut.

Kajakfahren in den Marmorhöhlen des Lago General Carrera

Bewundere die natürliche Schönheit der vom Wasser geformten Kalksteinformationen, die eine surreale Kulisse für ein unvergessliches Erlebnis bieten.

Heiße Quellen von Puyuhuapi

Entspanne dich in den natürlichen heißen Quellen inmitten der üppigen Vegetation des patagonischen Regenwaldes. Diese abgelegenen Thermalbäder bieten Erholung und Ruhe inmitten der Natur.

Straßenkunst in Valparaíso

Schlendere durch die Stadt, wo jede Gasse und jede Wand zu einer Leinwand für kreative Ausdrucksformen wird, von surrealen Darstellungen bis hin zu realistischen Porträts, die die Vielfalt der künstlerischen Stile und Techniken widerspiegeln.

Sandboarding in den Dünen von Iquique

Während man die steilen, feinsandigen Abhänge hinuntergleitet, genießt man nicht nur den Adrenalinkick, sondern auch die spektakuläre Aussicht auf die Stadt Iquique und den Pazifik.

Eiswandern auf dem Grey-Gletscher

Betrete den Gletscher in Patagonien für ein unvergessliches Eiswandererlebnis. Entdecke die beeindruckenden Eisformationen und tiefblauen Spalten dieses uralten Eises. Es wird angenommen, dass das südliche patagonische Eisfeld mindestens seit der letzten Eiszeit existiert.

Surfen in Pichilemu

Surfen an den Stränden von Pichilemu, dem Surfmekka Chiles. Ob Anfänger oder Fortgeschrittener, die perfekten Wellen bieten für jeden das richtige Surferlebnis.

Paragliding über Santiago

Über Santiago erlebt man eine seltene Kombination aus städtischer Skyline und natürlicher Schönheit. Der Blick aus der Luft umfasst sowohl die belebten Straßen und die Architektur der Stadt als auch die majestätischen Anden im Hintergrund.

ARGENTINIEN

Tango in Buenos Aires

Lerne Tango in den traditionellen Milongas. In der Stadt, die als Wiege dieses verführerischen Tanzes gilt, kannst du in die leidenschaftliche Welt des Tangos vordringen, Livemusik erleben und von erfahrenen Tänzern lernen.

Gletscherwanderung auf dem Perito Moreno

Nimm an einer geführten Wanderung teil, um das beeindruckende Eisfeld zu erkunden und das Knacken und Brechen des sich bewegenden Gletschers hautnah zu erleben.

Segeln im Beagle-Kanal

Befahre den Kanal bei Ushuaia, dem südlichsten Punkt Südamerikas. Genieße die spektakuläre Aussicht auf die Anden und halte Ausschau nach Meerestieren wie Seelöwen und Pinguinen.

Weinverkostung in Mendoza

Entdecke die Weingüter von Mendoza, die für ihren erstklassigen Malbec bekannt sind. Genieße Weinverkostungen und lerne, wie die einzigartigen klimatischen Bedingungen den Charakter der Weine beeinflussen.

Walbeobachtung in Puerto Madryn

Erlebe die majestätischen Wale. Von Juni bis Dezember kann man die Südlichen Glattwale bei ihren beeindruckenden Sprüngen und Gesängen aus nächster Nähe beobachten.

Reiten in den Sierras von Córdoba

Entdecke die atemberaubende Landschaft auf dem Rücken eines Pferdes. Reite durch malerische Hügel und Täler und genieße die Ruhe der argentinischen Landschaft.

Iguazú-Wasserfälle

Besuche die gigantischen Wasserfälle an der Grenze zu Brasilien. Erlebe die gewaltige Kraft des Wassers und bewundere die üppige Flora und Fauna in der Umgebung. Die Wasserfälle erstrecken sich über eine Breite von fast 3 Kilometern und bestehen aus etwa 275 Einzelfällen und Kaskaden. Der höchste Punkt, bekannt als »Garganta del Diablo« (Teufelsschlucht), erreicht eine Höhe von rund 80 Metern.

Straßenkunst in Rosario

Entdecke die lebendige Straßenkunstszene in Rosario. Bewundere die vielen Wandmalereien und Graffiti, die die Stadt in ein Freilichtmuseum verwandeln.

Fiesta Nacional de la Vendimia in Mendoza

Nimm an Argentiniens größtem Weinfest teil. Erlebe traditionelle Umzüge, Folkloremusik und die Krönung der Weinprinzessin. Das jährlich Anfang März stattfindende Fest feiert die Weinlese und die harte Arbeit der Weinbauern. Mendoza ist bekannt für seine Weine, insbesondere den Malbec.

Esteros del Iberá

Besuche eines der größten Feuchtgebiete der Welt mit unberührter Natur und einer reichen Tierwelt, darunter Kaimane, Capybaras und eine Vielzahl von Vögeln.

URUGUAY

Sonnenuntergang in Punta del Este

Erlebe in einem der exklusivsten Badeorte Südamerikas, wie die Sonne im Atlantik versinkt, während du entlang der schicken Strandpromenade flanierst.

Weinverkostung in Canelones

Probiere erlesene Tannat-Weine, die für ihre Intensität und Tiefe bekannt sind, und lerne mehr über die Weinherstellung in der Region.

Reiten in Rocha

Entdecke die unberührte Landschaft hoch zu Ross, entlang wunderschöner Strände und Lagunen. Bei einem Ausritt kannst du die Natur in ihrer Ursprünglichkeit erleben.

Colonia del Sacramento

Eine der ältesten Städte des Landes. Bewundere die gut erhaltenen Kolonialbauten und Kopfsteinpflasterstraßen, die von der UNESCO zum Weltkulturerbe erklärt wurden. Colonia wurde 1680 von den Portugiesen gegründet und war ein strategisch wichtiger Ort im Kampf zwischen Portugal und Spanien um die Vorherrschaft in der Region.

Candombe Trommelkurs in Montevideo

Lerne das traditionelle afro-uruguayische Trommeln, den Candombe. Diese rhythmische Musikform ist ein wesentlicher Bestandteil der Kultur des Landes.

Birdwatching in den Feuchtgebieten von Santa Lucía

Eine Vielzahl von Wasservögeln, darunter Reiher, Enten und Ibisse, sowie zahlreiche Singvogelarten können hier beobachtet werden. Besonders bemerkenswert ist die Anwesenheit des vom Aussterben bedrohten Schwarzen Schwanenhalsstorchs.

Surfen in La Paloma

Wage dich an die Strände dieses beliebten Surfspots an der Küste Uruguays. Ob Anfänger oder Fortgeschrittener, die Wellen hier bieten für jeden etwas.

Altstadt von Montevideo

Spaziere durch die charmante Altstadt mit ihren historischen Gebäuden, Kunstgalerien und lebhaften Märkten. Erlebe das pulsierende Stadtzentrum mit seiner Mischung aus alter Architektur und modernem Stadtleben.

Thermalbäder von Salto

Entspanne dich in den Thermalbädern von Salto, die für ihre heilenden Eigenschaften bekannt sind. Die natürlichen heißen Quellen bieten eine perfekte Auszeit vom Alltag. Das Wasser wird in der Tiefe der Erde erhitzt und kommt mit Mineralien angereichert an die Oberfläche.

Sierra de las Ánimas

Mach dich auf den Weg zu dieser malerischen Bergkette. Während der Wanderung kannst du eine Vielzahl von Pflanzenarten entdecken, darunter verschiedene Orchideenarten und einheimische Bäume.

LÄNDERREGISTER

THEMENREGISTER

ELEFANTEN

FAHRRAD- / MOUNTAINBIKE-TOUR

FALLSCHIRM-SPRINGEN

FESTIVALS

GÄRTEN

HÖHLEN

KAJAKFAHREN

KOCHKURS

KREUZFAHRT

KULINARISCHE TOUR

MARKT / SOUQ

MITTERNACHTSSONNE

MEDITATION

MUSEEN

PFERDE

RAFTING

STREET-ART-TOUR

SURFEN

TAUCHEN

TEEZEREMONIE

VULKAN

WANDERUNG

WASSERFALL

WÜSTE

IMPRESSUM

Alle Angaben in diesem Reisebuch sind gewissenhaft geprüft. Für ihre Vollständigkeit und Richtigkeit kann der Verlag jedoch keine Haftung übernehmen. Aus Gründen der besseren Lesbarkeit wird in diesem Buch bei Personenbezeichnungen das generische Maskulinum verwendet. Es gilt gleichermaßen für alle Geschlechter.

HOLIDAY

HOLIDAY ist eine eingetragene Marke der GRÄFE UND UNZER VERLAG GmbH

ISBN 978-3-8342-3403-2

1. Auflage 2024

Redaktion und Projektmanagement: Juliane Helf
Satz: Nadine Thiel, kreativsatz, München
Bildredaktion: Petra Ender
Faktencheck und Schlusskorrektur: Ulla Thomsen
Umschlaggestaltung und Layout: ki 36 Sabine Krohberger Editorial Design, München
Herstellung: Felix Robitsch
Repro: Repro Ludwig, Zell am See
Druck und Bindung: DZS Grafik, Slowenien

GRÄFE UND UNZER

Ein Unternehmen der
GANSKE VERLAGSGRUPPE

B2B-Editionen schneidern wir maß nach Ihren Wünschen.

Bei Interesse:
b2b-kontakt@graefe-und-unzer.de

Bei Interesse an Anzeigenschaltung:
KV Kommunalverlag GmbH & Co. KG
Tel. 089/928 09 60 oder
info@kommunal-verlag.de

Leserservice
GRÄFE UND UNZER Verlag
Grillparzerstraße 12
81675 München
www.graefe-und-unzer.de

UMWELTHINWEIS

Nachhaltigkeit ist uns sehr wichtig. Der Rohstoff Papier ist in der Buchproduktion hierfür von entscheidender Bedeutung. Daher ist dieses Buch auf PEFC-zertifiziertem Papier gedruckt. PEFC garantiert, dass ökologische, soziale und ökonomische Aspekte in der Verarbeitungskette unabhängig überwacht werden und lückenlos nachvollziehbar sind.